119개 개념으로 완성하는 중고등 영어문법서

단서문

단권화

서술안

더뜸

119 ³A

KB153628

119개
비밀의 단서를 찾아
서술형+문법 정복!

스승의날
Teachers Day Publisher

STRUCTURE

1 세분화된 Unit 구성,
도표 / 도해를 이용한 문법 개념의 시각화

- 문법 요소를 세분화하여 커리큘럼 구성
- 문법 개념을 이해하기 쉽게 도표·도해화

2 다양한 유형의 문제 제공

- 개념 이해를 위한 단계별 Practice
- 문제 해결 능력을 키워 주는 종합형 Practice
- 문법의 실제 활용을 확인하는 지문형 Practice

GRAMMAR FOCUS
도표로 이해하는 핵심 영문법

– 도표와 도식으로 정리하는 개념 설명과
핵심 예문
– 보충 설명 및 추가적인 도표 제시

EXERCISE
단계별 · 유형별 확인 문제

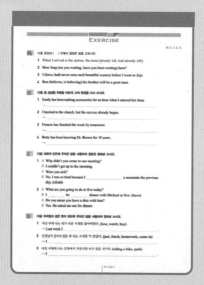

– 문장 완성을 위한 단답형 문제: 학습한
문법 사항의 단순 적용 훈련
– 문장 전환 및 문장 재구성 문제: 문법
사항의 변화 및 문장 전환시 필요한 요
소를 체크하는 훈련
– 지문 또는 대화문에서의 문법 적용 문
제: 글의 흐름 속에서 문법 활용을 익
히는 어법 적용 훈련
– 수준별 영작 문제: 실제 사용에서의 정
확성을 위한 영작 훈련

LET'S PRACTICE
단원 종합 문제

– 세 개 Unit에서 학습한 내용에 대한
종합 실전 문제
– 내신 및 실전에서의 문제 해결 능력 강화

3 쓰기 활동 강화

- 단계별 쓰기 활동 제공
- 내신 및 영어 능력 평가를 대비하는 영작 Practice

LET'S DRILL
실전 대비 문제

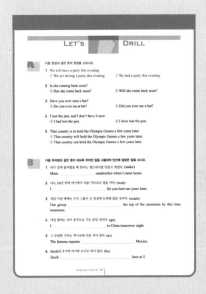

– 내신 및 실전 대비 문제 해결 능력 향상

REVIEW TEST
Chapter별 종합 실전 문제

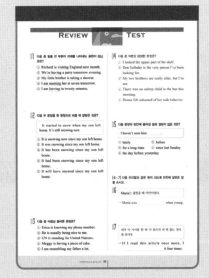

– Chapter별 문제 제시로 학습한 문법에 대한 종합적 적용 능력 강화

WRITING TIME
유형별 쓰기 학습

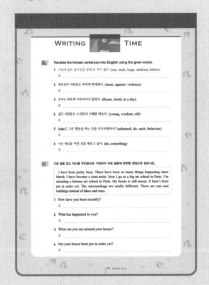

– 다양한 유형의 쓰기 학습을 통해 문법의 적용 능력 강화

CONTENTS

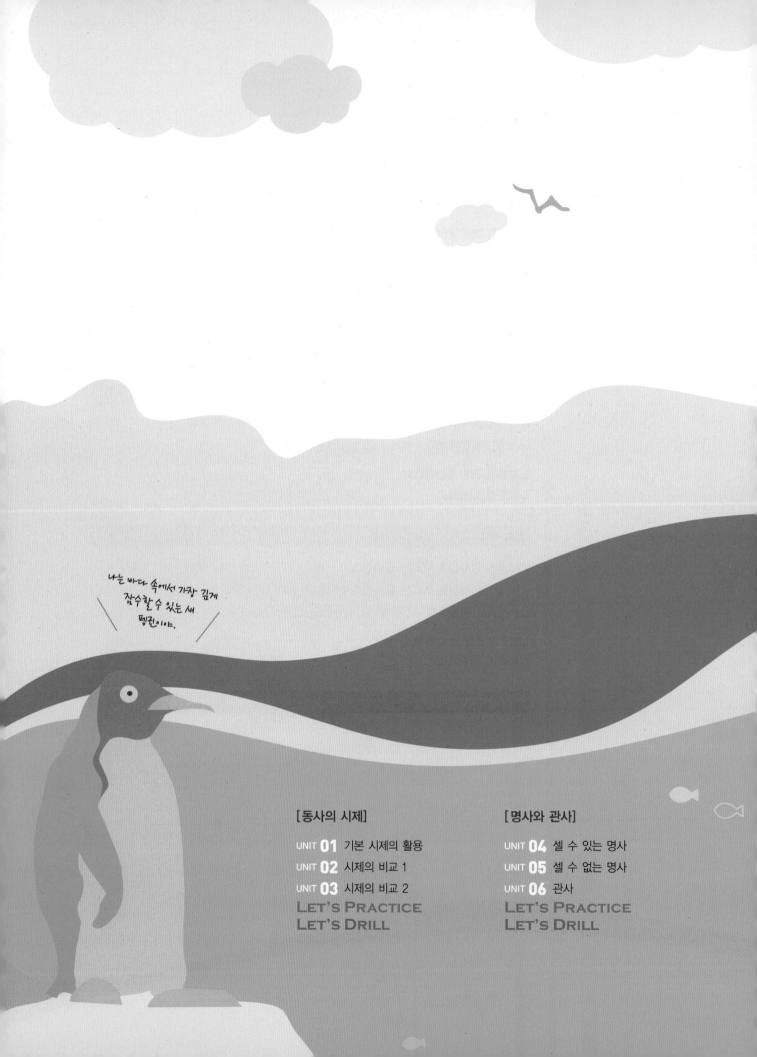

나는 바다 속에서 가장 깊게
잠수할 수 있는 새
펭귄이야.

CHAPTER I

UNIT 01

기본 시제의 활용
Uses of Simple Tense

■ 항상 현재를 쓰는 경우

쓰임	예문
현재의 동작/상태	Here **comes** the bus.
현재의 습관/반복	She always **gets** up at 6:30 in the morning.
불변의 진리	The sun **rises** in the east and **sets** in the west.

■ 항상 과거를 쓰는 경우

쓰임	예문
과거의 동작/상태	He **broke** the camera *a few days ago*. I **lost** my passport and **was** not able to board the plane.
과거의 습관/반복	Tony usually **got up** at 6:00 *in those days*. She often **came** to see me when she **lived** in Seoul.
역사적 사실	I learned that Columbus **discovered** America *in 1492*. He read it in the history book that the Korean War **broke** out *in 1950*.

■ 미래를 나타내는 현재, 현재진행형

TIP 왕래 발착 동사
'오다, 가다, 출발하다, 도착하다'의 의미를 나타내는 동사
come, go, start, leave, depart, arrive, return

쓰임	예문
왕래 발착 동사 + 미래를 나타내는 어구	The shuttle bus **leaves** *at 8:00 a.m.* sharp. The next train **comes** *at 9:45*. Mr. Anderson **is leaving for** Africa *next week*.
시간/조건 부사절 내에서의 미래 대용	When Mom **comes** back, I'll ask her to eat out. If she **marries** Tony, she'll be happy.

TIP leave 떠나다
leave for ~을 향해 떠나다

❶❶❶ 주어, 보어, 목적어 역할을 하는 명사절 내에서는 미래일 때, 「will+동사원형」을 써야 한다. 특히 ask, don't know, not sure, wonder 다음에 if 또는 when이 이끄는 절은 대개 명사절일 때가 많다.
ex. I don't know *if he **will** come to the conference.*

TIP '~인지 아닌지'의 뜻으로 접속사 if가 올 때 문장 뒤에 or not을 쓸 수 없다.

■ 미래를 나타내는 다양한 표현

쓰임	예문
be supposed to(~할 예정이다)	The system **is supposed to** protect all of the information in your computer.
be due to(~하기로 되어 있다)	The man-made river **is due to** be completed in five years. • man-made 인조의
be expected to(~할 것이 기대된다)	More than a million visitors **are expected to** come to the auto show.
be to부정사(~할 예정이다)	The representatives **are to attend** at the opening ceremony. • representative 국회의원

EXERCISE

A 다음 문장의 ( ) 안에서 알맞은 말을 고르시오.

1 Dad always (goes, went) to bed at eleven o'clock.

2 Water (boils, boiled) at 100°C.

3 I don't know if she (joins, will join) our club.

4 Joseon (was, had been) established in 1392.

B 다음 밑줄 친 부분을 지시대로 바꿔 문장을 다시 쓰시오.

1 Tom has his hair cut once a month this year. (that year로 바꾸어서)

→ _____

2 People believe that the earth is round. (believed로 바꾸어서)

→ _____

3 Mr. Baker is due to meet Sarah this afternoon. (will로 바꾸어서)

→ _____

C 다음 대화의 빈칸에 주어진 말을 사용하여 알맞은 형태로 쓰시오.

1 A I heard that your school festival is coming soon.

　B Yeah, I'm looking forward to it.

　A When is the festival?

　B It _____ on June 1st and _____ on June 5th. (begin, end)

2 A I'm waiting for the principal.

　　Do you know when he _____ _____? (return)

　B He _____ he would be back in an hour. (say)

　A Could you let me know if he _____? (come)

　B Sure. Don't worry about it.

D 다음 우리말과 같은 뜻이 되도록 주어진 말을 사용하여 영어로 쓰시오.

1 만약 내일 비가 오면 야구 게임이 연기될 것이다. (rain, baseball game, postpone)

　→ If it _____ .

2 나는 초등학생이었을 때 항상 8시에 집에서 출발했다.

　(leave home, when, elementary student)

　→ I always _____ .

3 그 의사가 오늘 저녁에 우리 집으로 올 것이다. (coming to, evening)

　→ The doctor _____ .

UNIT 02 시제의 비교 1
Comparison of the Tenses

■ 기본 시제 *vs.* 완료 시제

기본 시제		완료 시제	
현재	Mr. Brown usually **works** out at about 8 in the evening. Honesty **is** the best policy.	현재완료	My parents **have** *already* **eaten** dinner, so they aren't hungry. I'**ve been** to Chicago twice. Mike **has been** ill since last week.
과거	The surgeon **drove** her car to the emergency room as fast as she **could**. • emergency room 응급실	과거완료	Patricia Anderson **had lived** in Alaska before she became an actress in England.
미래	Ken **will get** a promotion in a year. • get a promotion 승진하다	미래완료	If I go to Japan next week, I'**ll have been** there five times.

●●● have gone은 '가서 지금 여기 없다'는 뜻이고, have been은 '간 적이 있고 지금은 여기 있다'는 뜻이다.
He **has gone** to the U.K. / I **have been** to Canada.

■ 시제의 흐름

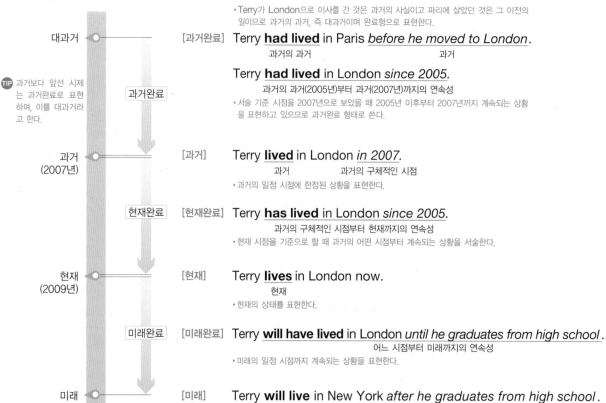

• Terry가 London으로 이사를 간 것은 과거의 사실이고 파리에 살았던 것은 그 이전의 일이므로 과거의 과거, 즉 대과거이며 완료형으로 표현한다.

대과거 [과거완료] Terry **had lived** in Paris *before he moved to London*.
　　　　　　　　　　　과거의 과거　　　　　　　　　　　　과거

Terry **had lived** in London *since 2005*.
　　　　　과거의 과거(2005년)부터 과거(2007년)까지의 연속성

TIP 과거보다 앞선 시제는 과거완료로 표현하며, 이를 대과거라고 한다.
　　　　과거완료

• 서술 기준 시점을 2007년으로 보았을 때 2005년 이후부터 2007년까지 계속되는 상황을 표현하고 있으므로 과거완료 형태로 쓴다.

과거(2007년) [과거] Terry **lived** in London *in 2007*.
　　　　　　　　　　과거　　　　　과거의 구체적인 시점
• 과거의 일정 시점에 한정된 상황을 표현한다.

현재완료 [현재완료] Terry **has lived** in London *since 2005*.
　　　　　　　　　　　　과거의 구체적인 시점부터 현재까지의 연속성
• 현재 시점을 기준으로 할 때 과거의 어떤 시점부터 계속되는 상황을 서술한다.

현재(2009년) [현재] Terry **lives** in London *now*.
　　　　　　　　　현재
• 현재의 상태를 표현한다.

미래완료 [미래완료] Terry **will have lived** in London *until he graduates from high school*.
　　　　　　　　　　　　　　어느 시점부터 미래까지의 연속성
• 미래의 일정 시점까지 계속되는 상황을 표현한다.

미래 [미래] Terry **will live** in New York *after he graduates from high school*.
　　　　　미래　　　　　　　　　　미래의 구체적 시점
• 미래의 일정 시점의 상태를 예상하여 표현한다.

●●● 현재완료 시제는 확실한 과거를 나타내는 어구와 함께 쓸 수 없다.
I have finished my homework yesterday. (×)
➡ I **finished** my homework **yesterday**.

EXERCISE

A 다음 문장의 (   ) 안에서 알맞은 말을 고르시오.

1 Jacob (lived, has lived) in this town since he was born.

2 Mom (had been, have been) cleaning the house when I came back home.

3 The reporter (interviewed, has interviewed) our teacher yesterday.

4 Cindy (will have read, has read) the book 10 times if she reads it one more time.

B 다음 밑줄 친 부분을 바르게 고쳐 문장을 다시 쓰시오.

1 I have seen an elephant at the zoo yesterday.

→ _____

2 Anthony is sick in bed for a week.

→ _____

3 Jane graduates from middle school one year later.

→ _____

C 다음 대화의 빈칸에 주어진 말을 사용하여 알맞은 형태로 쓰시오.

1 A Robert speaks Japanese very well.
 B Yes. He speaks like a native speaker.
 A He _____ _____ in Japan before. (live)
 B That's why he speaks it so well.

2 A When did you return home last night?
 B About 11 o'clock.
 A I didn't hear any sound at that time. So I didn't know you came.
 B You _____ _____ _____ on the sofa when I saw you.
  (fall asleep)

D 다음 우리말과 같은 뜻이 되도록 주어진 말을 사용하여 영어로 쓰시오.

1 나는 이미 내 보고서를 제출했다. (already, submit, report)

→ _____

2 Joan은 독일로 가버렸다. (go, Germany)

→ _____

3 Mary는 다음 주까지 모형 배를 완성할 거야. (finished, making, a model boat, by)

→ _____

시제의 비교 2
Comparison of the Tenses

완료 시제 vs. 완료진행 시제 vs. 진행 시제

완료 시제와 완료진행 시제는 말하고 있는 시점 이전부터 진행되어 온 것을 나타내지만, 완료진행 시제가 행위(activity)에 관심을 나타내는 표현이라면, 완료 시제는 행위에 따른 결과(result)에 관심을 나타내는 표현이다. 진행 시제는 단순히 어떤 행위가 그 순간 진행되고 있는 것을 나타내는 표현이다.

비교	쓰임	예문
현재완료	과거의 한 시점에서 현재까지 계속되었지만 지금은 종료되었음을 나타냄.	Terry **has prepared** for the national contest for three months.
현재완료진행	과거의 한 시점에서 현재까지 계속되었고 지금도 진행 중임을 나타냄.	Terry **has been preparing** for the national contest for three months.
현재진행	현재의 한 시점에서 진행 중임을 나타냄.	Terry **is preparing** for the national contest now.
과거완료	과거의 한 시점을 기준으로 그 이전부터 어떤 상황이 계속되었음을 나타냄. – 말하는 과거의 그 시점에는 상황이 종료되었음을 나타냄.	It **had rained** for a week when I arrived in Seoul.
과거완료진행	과거의 한 시점을 기준으로 그 이전부터 시작된 것이 과거의 그 시점에도 계속되고 있음을 나타냄.	It **had been raining** for a week when I arrived in Seoul.
과거진행	과거의 한 시점에서 진행 중인 동작을 나타냄.	It **was raining** when I arrived in Seoul.
미래완료	미래 이전에 시작하여 미래의 한 시점에 동작이 완료되는 것을 나타냄.	Terry **will have finished** his work when Rachel arrives at his home.
미래완료진행	미래의 일정 시점에 미래 이전에 시작된 동작이 계속 진행되고 있음을 강조함.	Terry **will have been doing** his work for three hours when Rachel arrives at his home.
미래진행	미래의 한 시점에 진행 중인 동작을 나타냄.	Terry **will be doing** his work when Rachel arrives at his home.

TIP 부정문은 완료진행형을 사용하지 않고 완료형을 사용한다.
I **have not lived** in Busan.
He **has not run** for two hours.

진행형을 쓸 수 없는 동사

지각, 감정, 소유, 상태 등을 나타내는 동사는 진행형, 완료진행형을 모두 쓸 수 없다.

진행형을 쓸 수 없는 동사		예문
지각동사	feel, see, smell, taste, hear 등	Jessica **sees** the man in the black suit by his car.
소유동사	have, own, possess, belong to 등	About half of American households **own** guns.
감정동사	like, love, hate, prefer, dislike 등	Gardeners **dislike** weeds because they grow in places for flowers. · weed 잡초
인지동사	understand, know, believe, notice, recognize 등	I **know** you can speak English very well.
상태동사	be, become, resemble, seem, want, hope 등	Mary **hopes** that she will go to Canada and study there two years later.

TIP have는 '가지다' 라는 뜻일 때는 진행형을 쓸 수 없지만, '먹다' 라는 뜻일 때는 진행형을 쓸 수 있다.
I **have** a sister. (가지다)
I **am having** a banana. (먹다)

EXERCISE

A 다음 문장의 ( ) 안에서 알맞은 말을 고르시오.

1 When I arrived at the station, the train (already left, had already left).

2 How long (are you waiting, have you been waiting) here?

3 I (have, had) never seen such beautiful scenery before I went to Jeju.

4 Ben (believes, is believing) his brother will be a great man.

B 다음 중 <u>어색한</u> 부분을 바르게 고쳐 문장을 다시 쓰시오.

1 Emily has been making accessories for an hour when I entered her shop.

→ _____

2 I hurried to the church, but the service already began.

→ _____

3 Francis has finished the work by tomorrow.

→ _____

4 Betty has been knowing Dr. Brown for 10 years.

→ _____

C 다음 대화의 빈칸에 주어진 말을 사용하여 알맞은 형태로 쓰시오.

1 A Why didn't you come to our meeting?
   B I couldn't get up in the morning.
   A Were you sick?
   B No. I was so tired because I _____ _____ a mountain the previous day. (climb)

2 A What are you going to do at five today?
   B I _____ be _____ dinner with Michael at five. (have)
   A Do you mean you have a date with him?
   B Yes. He asked me out for dinner.

D 다음 우리말과 같은 뜻이 되도록 주어진 말을 사용하여 영어로 쓰시오.

1 지난 주에 나는 네가 사준 시계를 잃어버렸다. (lose, watch, buy)
   → Last week I _____.

2 선생님이 들어오셨을 때 나는 숙제를 막 끝냈다. (just, finish, homework, come in)
   → I _____.

3 내일 아침에 나는 공원에서 자전거를 타고 있을 것이다. (riding a bike, park)
   → I _____.

01 다음 밑줄 친 부분을 바르게 고쳐 쓴 것은?

We will go out after we will finish doing the dishes.

① finish
② finishes
③ finished
④ have finished
⑤ had finished

02 다음 빈칸에 들어갈 수 있는 것을 모두 고르면? (2개)

The president _____ a new policy tomorrow.

① announce
② announces
③ will announce
④ announced
⑤ has announced

03 다음 중 어색한 부분을 찾아 바르게 고쳐 쓰시오.

Children learned that the Olympic games had been held in Seoul in 1988.

_____ → _____

04 다음 문장의 빈칸에 들어갈 말로 알맞지 않은 것은?

My roommate has been ill _____.

① for one week
② during the holidays
③ last Thursday
④ since last Monday
⑤ since he went hiking

05 다음 두 문장을 한 문장으로 만들 때 알맞은 것은?

Matthew started listening to music one hour ago. He is still listening to music.

① Matthew is listening to music for an hour.
② Matthew was listening to music for an hour.
③ Matthew will be listening to music for an hour.
④ Matthew has been listening to music for an hour.
⑤ Matthew had been listening to music for an hour.

06 다음 중 밑줄 친 부분이 미래를 의미하는 것은?
① I am very pleased to meet you.
② Walking is good for our health.
③ The train leaves for Seoul ten minutes later.
④ Anthony writes a letter to Sandra every night.
⑤ Victoria teaches English at the kindergarten.

07 다음 대화의 빈칸에 주어진 말을 사용하여 알맞은 형태로 쓰시오.

A My grandpa _____ _____ more than one hundred trees over fifty years. (plant)
B Wow. He is so great.
A You're right. I will help him when he plants more trees.

[8~9] 다음 두 문장을 한 문장으로 만들 때 빈칸에 알맞은 말을 쓰시오.

08

Mary left her bag on the subway. Now she doesn't have it.

→ Mary _____ _____ her bag on the subway.

09

Rebecca moved to Seoul three years ago. She still lives in Seoul.

→ Rebecca _____ _____ in Seoul _____ three years.

10 다음 밑줄 친 부분을 바르게 고쳐 문장을 다시 쓰시오.

When I came home, Dad <u>has been</u> watching TV for thirty minutes.

→ _____

11 다음 우리말과 같은 뜻이 되도록 주어진 말을 사용하여 영어로 쓰시오.

우리가 오기 전에 그들은 두 시간 동안 공부를 해 오고 있었다.

(had, studying, for, hours, before, came)

→ _____

[12~14] 다음 대화의 빈칸에 알맞은 말을 고르시오.

12

A How was the weather in Japan?
B When we arrived in Japan, it _____ for a week.

① is raining   ② was raining
③ has rained   ④ had been raining
⑤ has been raining

13

A Was the baseball game exciting last Sunday?
B When we got to the stadium, we found that the game _____.
A I'm sorry to hear that. I know you really wanted to watch it.

① finish   ② finished
③ were finishing   ④ have finished
⑤ had finished

14

A The train _____ at the next stop in twenty minutes.
B Why does it take so long to get there?
A I don't know. Let's find out.

① arrive   ② arrived
③ is arriving   ④ has arrived
⑤ will be arrived

15 다음 글의 빈칸에 알맞은 말은?

Britney has worked so hard during this week. She needs exercise and likes to jog on the beach. So she _____ on the beach this Sunday.

① was jogging   ② jogs
③ will be jogging   ④ has been jogging
⑤ had been jogging

LET'S DRILL

A 다음 문장과 같은 뜻의 문장을 고르시오.

1 We will have a party this evening.
　① We are having a party this evening.　② We had a party this evening.

2 Is she coming back soon?
　① Has she come back soon?　② Will she come back soon?

3 Have you ever seen a bat?
　① Do you ever see a bat?　② Did you ever see a bat?

4 I lost the pen, and I don't have it now.
　① I had lost the pen.　② I have lost the pen.

5 That country is to hold the Olympic Games a few years later.
　① That country will hold the Olympic Games a few years later.
　② That country can hold the Olympic Games a few years later.

B 다음 우리말과 같은 뜻이 되도록 주어진 말을 사용하여 빈칸에 알맞은 말을 쓰시오.

1 내가 집에 돌아왔을 때 엄마는 샌드위치를 만들고 계셨다. (make)
　Mom ＿＿＿＿＿＿ ＿＿＿＿＿＿ sandwiches when I came home.

2 나는 10년 뒤에 여기에서 너를 기다리고 있을 거야. (wait)
　I ＿＿＿＿＿＿ ＿＿＿＿＿＿ ＿＿＿＿＿＿ for you here ten years later.

3 내일 이맘 때에는 우리 그룹이 산 정상에 도착해 있을 것이다. (reach)
　Our group ＿＿＿＿＿＿ ＿＿＿＿＿＿ ＿＿＿＿＿＿ the top of the mountain by this time tomorrow.

4 내일 밤에는 내가 중국으로 가는 중일 것이다. (go)
　I ＿＿＿＿＿＿ ＿＿＿＿＿＿ ＿＿＿＿＿＿ to China tomorrow night.

5 그 유명한 기자는 멕시코에 가본 적이 있다. (to)
　The famous reporter ＿＿＿＿＿＿ ＿＿＿＿＿＿ ＿＿＿＿＿＿ Mexico.

6 Jacob은 5시에 여기에 오기로 되어 있다. (be)
　Jacob ＿＿＿＿＿＿ ＿＿＿＿＿＿ ＿＿＿＿＿＿ ＿＿＿＿＿＿ here at 5.

다음 두 문장이 같은 뜻이 되도록 빈칸에 알맞은 말을 쓰시오.

1 Elizabeth started learning tennis four months ago. She is still learning.
→ Elizabeth _____ _____ _____ tennis for four months.

2 Justin went to France, so he is not here now.
→ Justin _____ _____ to France.

 다음 빈칸에 주어진 말을 사용하여 알맞은 형태로 쓰시오.

1 Alexander _____ his teeth three times a day. (brush)

2 Let's go out to play baseball before it _____. (rain)

3 We learned that light _____ faster than sound. (travel)

4 Dad usually _____ some fruit on his way home when he was alive. (buy)

5 He read the book you _____ him. (give)

6 Mary _____ in Toronto since she was 5 years old. (live)
She _____ to Ottawa next month. (move)

 다음 중 어법상 올바른 문장을 고르시오.

1 ① Sonya is having lunch in the kitchen.
② Anthony is having a brand-new cell phone.

2 ① Robert is knowing my phone number.
② Robert knows my phone number.

3 ① If it rains, we won't go on a picnic.
② If it will rain, we won't go on a picnic.

4 ① The new semester started next Monday.
② The new semester starts next Monday.

UNIT 04 셀 수 있는 명사
Countable Nouns

명사는 크게 보통명사, 집합명사, 물질명사, 고유명사, 추상명사의 5가지가 있다. 또한 셀 수 있는 명사와 없는 명사로 분류된다. 셀 수 있는 명사에는 보통명사와 집합명사가 속한다.

■ 셀 수 있는 명사 셀 수 있는 명사는 단수와 복수를 쓸 수 있고, 단수 형태에서 부정관사 a나 an을 붙여 쓸 수 있다.

종류	개념	예문
보통명사	사물이나 동물, 사람에게 두루 쓰이는 일반적인 명칭 student, book, window, model, jeans, season, opinion 등	A **student** entered the library. The **books** that I bought are on the desk. There are four **seasons** in a year. Two **puppies** are running in the yard.
집합명사	여러 개체가 모인 하나의 집합체를 가리키는 말 family, class, audience, club, staff, team, public, committee, police 등	His **family** is large. Let's join a tennis **club**. Our **team** will win the game. The **committee** meets at one.

●●● 집합명사는 하나의 집합체로 간주해서 단수 취급할 수도 있고, 그 안의 개체들을 따로따로 생각하여 복수 취급할 수도 있다. **단수** 취급할 때는 **집합명사**, **복수** 취급할 때는 **군집명사**라고 한다. 군집명사는 주로 all과 함께 쓰인다.

His **family is** large. 그의 가족은 대가족이다. (단수 취급 – 집합명사)
His **family are** all happy. 그의 가족은 모두 행복하다. (복수 취급 – 군집명사)

> **TIP** 추상명사 같지만 보통명사로 쓰이는 명사들
> 이런 명사들은 단수형에서 부정관사를 취하며, 복수형으로 쓸 수 있다.
> activity(활동), season(계절), viewpoint(견해), situation(상황), opinion(의견), suggestion(제안)

■ 복수 형태에 주의해야 할 명사

구분	단어	예문
형태는 복수지만 단수 취급	mathematics, physics, economics, politics, statistics 등	**Mathematics** is the most difficult subject to me. **Statistics** deals with numbers.
형태는 단수지만 복수 취급	cattle, people, police, public, clergy 등	**The police** are chasing the thief. **The public** are in favor of the plan.
단수와 복수가 다른 의미를 가지는 명사	manner(방법, 태도) – manners(예절) arm(팔) – arms(무기) pain(고통) – pains(수고) cloth(천) – clothes(옷) custom(습관) – customs(관세, 세관) air(공기) – airs(건방진 태도)	I hurt my right **arm**. The soldiers carry **arms**. She cried with **pain**. Brandon took **pains** to help me. **Custom** is second nature. I went through **customs** at the airport.

❶❶❶ glasses처럼 대체로 짝을 이루어 하나의 사물을 이루는 경우, 복수 취급한다.

ex. gloves 장갑   shoes 신발   shorts 짧은 바지   pants 바지(=trousers)
　　 pajamas 잠옷   socks 양말   stockings 스타킹

❶❶❶ 「명사+전치사」로 이루어진 명사의 복수형은 명사에 복수형을 붙인다.
looker-on(구경꾼) — looker**s**-on
passer-by(통행인) — passer**s**-by

A 다음 문장의 ( ) 안에서 알맞은 말을 고르시오.

1 Physics (is, are) one branch of science.

2 Cattle (is, are) grazing on the grass.

3 My class (is, are) all very optimistic.

4 Sally has (a, 관사 없음) different opinion from mine.

5 The trousers that I am wearing (is, are) brand-new.

B 다음 중 어색한 부분을 바르게 고쳐 문장을 다시 쓰시오.

1 I had to pay custom because of the expensive laptop computer.

→ _____

2 The police has caught the murderer.

→ _____

3 The cloth you gave me yesterday is a little large for me.

→ _____

C 다음 대화의 빈칸에 알맞은 말을 〈보기〉에서 골라 쓰시오.

보기	arm / arms	pain / pains	manner / manners

1 A I think Jack has no _____ .
  B Why do you think so?
  A He always says something rude.

2 A Good job! Your essay is great.
  B I took great _____ to write it.

D 다음 우리말과 같은 뜻이 되도록 주어진 말을 사용하여 영어로 쓰시오.

1 모든 통행인들은 교통 신호를 따라야 한다. (passer-by, follow)
  → All _____ the traffic lights.

2 청중은 모두 그의 연설에 감동받았다. (audience, all, moved)
  → _____ by his speech.

3 그 기술자는 이 로봇을 만들기 위해 많은 수고를 했다. (took, much)
  → The engineer _____ to make this robot.

UNIT 05 셀 수 없는 명사
Uncountable Nouns

■ **셀 수 없는 명사**　셀 수 없는 명사는 불가산명사라고 한다. 불가산명사는 원칙적으로 관사를 붙이지 않으며, 물질명사, 추상명사, 고유명사가 있다.

종류	개념	예문
물질명사	일반적으로 일정한 형태가 없어 셀 수 없는 물질을 나타내는 명사로, 세는 단위와 함께 표현하기도 함. milk, water, beer, air, wood, rain, stone, glass, paper, meat, rice, butter, cheese, sugar, money, chalk 등	I drink a cup of **tea** every morning. I need a piece of **paper**. Chris ate two slices of **cheese** for lunch. I spent much **money** buying this bag. There is a lot of **chalk** on the blackboard.
추상명사	추상적인 개념이나 감정 등을 나타내는 명사로 항상 단수 취급 함. love, peace, confidence, happiness, violence, wealth, beauty, truth, honesty, advice, justice, information 등	**Love** is blind. Anyone seeks **happiness**. **Art** is long, **life** is short. **Health** is the most important thing in life. **Honesty** is the best policy. George asked me for a piece of **advice**.
고유명사	사람·사물·장소에 붙은 고유의 이름을 나타내는 명사로, 항상 첫 글자를 대문자로 씀. April, Cathy, Korea, Seoul, Monday, Mt. Everest, Venus 등	**April** comes after March. **Jane** was born in **May** 1996. **Seoul** is the capital of **Korea**. **Mt. Everest** is the tallest mountain in the world.

TIP 1. 물질명사는 much, a lot of, lots of, plenty of 등의 수식을 받을 수 있다.
　　2. 추상명사도 물질명사와 마찬가지로 단위를 이용하여 수를 나타낼 수 있다.
　　　 a piece of good news, a piece of information, two pieces of advice
　　3. 고유명사 앞에 the를 붙여서 쓰는 경우가 있다.
　　　 the Nile, the Pacific Ocean

■ **불가산명사의 가산명사화**　셀 수 없는 명사인 물질명사, 추상명사, 고유명사는 원칙적으로는 관사 또는 수사와 함께 쓰일 수 없지만, 쓰임이 달라져 보통명사화 되면 관사와 함께 쓰이기도 하고, 복수형으로 쓰이기도 한다.

전환	쓰임	예문
물질명사 ↓ 보통명사	하나의 제품	Eric has **a glass** in his hand. 유리 제품 한 개 I'm reading **a morning paper**. 조간 신문
	셀 수 있는 개체·종류·사건	Somebody threw **a stone** into the pond. 돌멩이 한 개 There were **two fires** in the building. 화재 두 건
추상명사 ↓ 보통명사	구체적인 행동, 어떤 성질의 소유자	You are **a success** as a writer. 성공한 사람 My mom was **a beauty** when she was young. 미인
고유명사 ↓ 보통명사	부정관사 + 고유명사	**A Mr. Kim** is waiting for you. 김씨라는 사람 James is **an Einstein**. 아인슈타인 같은 사람 Mr. Smith has **a Rembrandt**. 렘브란트의 작품 하나 My father bought **a Ford**. 포드 자동차 한 대
	고유명사의 복수형	There are **three Janes** in my class. 세 명의 Jane We will visit **the Kims** tomorrow. 김씨 가족 The rich man has **two Picassos**. 피카소 작품 두 개

EXERCISE

A 다음 문장의 ( ) 안에서 알맞은 말을 고르시오.

1 I want to be (Einstein, an Einstein).

2 There are (three Smith, three Smiths) in my class.

3 We will visit (the Baker, the Bakers) this weekend.

B 다음 중 <u>어색한</u> 부분을 바르게 고쳐 문장을 다시 쓰시오.

1 My wish is to have two Rembrandt.

→ _____

2 For our housewarming party, I bought two wine.

→ _____

3 Recently there have been three fire in my neighborhood.

→ _____

C 다음 대화의 빈칸에 알맞은 말을 〈보기〉에서 골라 바른 형태로 쓰시오.

> 보기   dinner   steak   success   information   paper

1 A What are you reading?
  B I'm reading today's _____ .
  A Are there any interesting articles?
  B Yes. There's one about Joanne Rowling.
    She is _____ as the writer of Harry Potter Series.

2 A I heard that Charles asked you out for _____ yesterday.
  B Yeah, right. We went to a fancy restaurant and had _____ .
  A Give me some _____ about him.
  B There is nothing special. He is just a normal man, I think.

D 다음 우리말과 같은 뜻이 되도록 주어진 말을 사용하여 영어로 쓰시오.

1 그 젊은 남자는 모든 것에 있어서 자신감을 보인다. (confidence, in everything)

→ _____

2 엄마는 쿠키를 굽기 위해 많은 밀가루와 버터를 필요로 하신다.

(much, flour, bake, cookies)

→ _____

3 그는 화가로서 정말 크게 성공한 사람이다. (great, success, as, artist)

→ _____

UNIT 06 관사
Articles

TIP 종족 대표를 나타내는 표현 – 「a＋단수명사」, 「the＋단수명사」
A dog is a faithful animal.
The dog is a faithful animal.
Dogs are faithful animals.

■ 부정관사 a/an

부정관사의 의미		예문
불특정한 하나	여러 어떤 것 중 하나를 의미(우리말로 해석 안 해도 됨.)	Anthony is **an** English teacher.
one	하나의	There are seven days in **a** week.
any, every	어떤 ~라도, ~라는 것(종족 대표)	**A** dog is a faithful animal.
a certain	어떤	**A** beautiful girl came to see you.
per	~당, ~마다	I take piano lessons twice **a** week.
the same	같은	We are of **an** age.
some	얼마간의	We watched TV for **a** while.

■ 정관사 the

정관사의 쓰임	예문
앞에 나온 명사가 반복될 때	Jennifer gave me a hairpin. **The** hairpin is very pretty.
서로 알고 있는 것을 가리킬 때	May I open **the** window?
뒤의 어구가 앞의 명사를 수식할 때	**The** grapes on the table taste sour.
세상에서 유일한 것(천체, 방향, 성경 등)	**The** earth goes around **the** sun.
the＋형용사(= 복수 보통명사)	**The** young should respect **the** old.
악기 이름 앞	Emily likes to play **the** piano.
the＋최상급/서수/next/same＋명사 (특정한 사람이나 사물을 가리키는 것이므로)	Robert is **the** tallest boy in our class. He is **the** last person to tell a lie.
특정한 고유명사 앞(강, 바다, 산맥, 신문 등)	**The** Alps are in Switzerland. **TIP** 산 이름 앞에는 관사를 붙이지 않는다. Mt. Everest Mr. Brown reads **the** Times every Monday.

⓵⓶⓷ the same ~ that(바로 그것)과 the same ~ as(같은 상품)의 쓰임이 다르다.
This is **the same** pen **that** I lost. 내가 잃어버린 바로 그 펜
This is **the same** pen **as** I lost. 내가 잃어버린 것과 같은 종류(상품)의 펜

TIP 관사의 생략
건물이나 기구가 본래의 목적으로 쓰일 때는 관사를 생략하는
경우가 있다.
go to school (공부하러) 학교에 가다
go to the school (공부 아닌 다른 목적으로) 학교에 가다
go to church (예배 드리러) 교회에 가다
go to the church (예배가 아닌 다른 목적으로) 교회에 가다

■ 무관사

쓰임	예문
고유명사	**America** is composed of various peoples.　　　• peoples 민족들
직책	We elected Jane as **chairman**.
식사	The girl is having **lunch**.
운동경기	David is playing **soccer**.
과목	**Economics** is my major.
교통수단	I go to school by **bus**.

EXERCISE

A 다음 문장의 ( ) 안에서 알맞은 말을 고르시오.

1 (An, The) air in this room is not good.

2 The students are all of (an, the) age.

3 We have plans to climb (a, the, 관사 없음) Himalayas.

B 다음 밑줄 친 부분을 관사를 이용한 표현으로 바꿔 문장을 다시 쓰시오.

1 Birds of <u>the same</u> feather flock together.

→ _____

2 There are seven days in <u>one</u> week.

→ _____

3 Adam stood there for <u>some</u> time.

→ _____

C 다음 대화의 빈칸에 알맞은 말을 〈보기〉에서 골라 알맞은 형태로 쓰시오.

보기	same	breakfast	bus	promise

1 A You know what? I bought a new MP3 player.
   B Oh, your dad kept _____?
   A Yeah. He told me that he would buy one for my birthday. This is it.
   B What a coincidence! This is _____ one as mine.

2 A What do you usually do on Sunday mornings?
   B I get up very late and eat _____ very quickly. Then I go to Mt. Dobong.
   A Do you drive your car to the mountain?
   B No, I go there by _____.

D 다음 우리말과 같은 뜻이 되도록 빈칸에 알맞은 말을 쓰시오.

1 책상 위의 연필들은 모두 내 것이다.
   → _____ _____ _____ _____ all mine.

2 달은 지구 주위를 돈다.
   → _____ goes around _____ _____.

3 그들은 Kennedy를 미국 대통령으로 선출했다.
   → They elected _____ as _____ _____.

01 다음 중 〈보기〉와 같은 종류의 단어는?

> 보기   water

① puppy   ② class   ③ paper
④ beauty   ⑤ Monday

02 다음 중 밑줄 친 부분이 어법상 어색한 문장은?

① The visitor couldn't pass the <u>customs</u>.
② The soldier needed <u>arms</u>.
③ We can't live without <u>airs</u>.
④ All the <u>pains</u> were for nothing.
⑤ Fine <u>clothes</u> make the man.

03 다음 중 어법상 어색한 문장은?

① The chef has to buy potato.
② The chef has to buy some butter.
③ The chef has to buy two bottles of milk.
④ The chef has to buy several onions.
⑤ The chef has to buy cheese made in Switzerland.

04 다음 밑줄 친 명사의 쓰임이 나머지와 <u>다른</u> 하나는?

① There was <u>a fire</u> in this building.
② I saw <u>a Picasso</u> in his house.
③ <u>A Mr. Brown</u> came to meet you.
④ Kelly wants to be <u>a police officer</u>.
⑤ Sean bought <u>a cheese</u> in the shop.

05 다음 우리말을 영어로 쓴 문장에서 <u>어색한</u> 부분은?

> Maria는 그 잡지에서 많은 정보를 얻을 수 있었다.

→ Maria ① <u>could</u> ② <u>get</u> ③ <u>a lot of</u>
④ <u>informations</u> ⑤ <u>from the magazine</u>.

06 다음 문장의 빈칸에 들어갈 말로 알맞지 <u>않은</u> 것은?

> I invited _____ to my birthday party.

① the Lees   ② police
③ my friends   ④ Mr. Kim's family
⑤ Mr. and Mrs. Brown

07 다음 우리말과 같은 뜻이 되도록 빈칸에 알맞은 말을 쓰시오.

> Taylor 씨는 포드(Ford) 자동차를 한 대 샀다.

→ Mr. Taylor bought _____ _____.

[8~9] 주어진 말을 사용하여 우리말을 영어로 쓰시오.

08
> William은 히틀러같은 사람이다. (Hitler)

→ _____

09
> 통계학은 수학의 한 분야이다.
> (statistics, branch, mathematics)

→ _____

10 다음 대화의 밑줄 친 부분을 바르게 고쳐 쓰시오.

A I heard a good news from my teacher. I got 100 points on the math exam.
B Congratulations!

→ _____

11 다음 중 어법상 올바른 문장은?

① A book on your desk seems to be interesting.
② My favorite subject is a history.
③ Samantha, the dinner is ready.
④ I go to school at eight o'clock on weekdays.
⑤ He plays the volleyball much better than me.

12 다음 대화에서 부정관사 a가 들어갈 곳으로 알맞은 것은?

A I'm starving. How about going out for lunch?
B OK. Let's go to (①) Jackson Restaurant by (②) car. I want to eat (③) French food.
A Great idea! Let's order (④) glass of (⑤) wine, too.
B I have to drive. I'll drink Coke instead of wine.

13 다음 대화의 빈칸에 주어진 말을 사용하여 알맞은 형태로 쓰시오.

A What's the matter with you?
B As you know, I had _____ in my office. (Picasso)
A What happened to the picture?
B It was stolen last night. I have lost my treasure.

14 다음 글에서 부정관사 a가 들어갈 수 없는 곳은?

My friend and I go to the movies twice a month. Last weekend we saw (①) horror movie. While I was watching it, I sometimes screamed with (②) fear. However, my friend was silent. He didn't say (③) word even when he saw (④) frightening scene. Until then I didn't know he was such (⑤) brave man.

15 다음 중 어법상 어색한 것을 찾아 바르게 고치시오.

Every person ① has ② a different viewpoint. Therefore, the important things in one's life ③ are different. To me, there are three things that I believe ④ are precious. The first one is my family, the second one is a good friend, and ⑤ a last one is my job.

_____ → _____

다음 문장의 ( ) 안에서 알맞은 말을 고르시오.

1 All audience (is, are) leaving their seats.

2 Scissors (is, are) dangerous for children to use.

3 Give me two glasses of (milk, milks), please.

4 The land is lower than (a, the) sea in the Netherlands.

 다음 우리말과 같은 뜻을 가진 문장을 고르시오.

1 나는 안경을 살 것이다.
① I am going to buy glasses.   ② I am going to buy a glass.

2 개는 충실한 동물이다.
① Dog is a faithful animal.   ② Dogs are faithful animals.

 다음 중 어법상 어색한 부분을 바르게 고쳐 문장을 다시 쓰시오.

1 A sheep are drinking water at the river.
→ _____

2 Passer-by are looking at us, but we don't care about that.
→ _____

3 The soldier didn't feel any pains even when his leg was shot.
→ _____

4 I need your helps right now.
→ _____

5 While I was driving through the forest, I encountered more than ten deers.
→ _____

6 All living things need waters and airs.
→ _____

D 다음 문장에서 어법상 어색한 것을 고르시오.

1 ① The ② Korea ③ is ④ a ⑤ peninsula.

2 ① Mathematics ② are ③ my ④ favorite ⑤ subject.

3 Recently ① there ② were ③ many ④ fire ⑤ in this area.

4 ① My classmates ② elected me as ③ the chairman ④ of the students' ⑤ council.

E 다음 우리말과 같은 뜻이 되도록 빈칸에 알맞은 말을 쓰시오.

1 석간 신문 한 부 사다 줄래요?

Can you buy _____ evening paper for me?

2 내 사촌이 식당에서 유리잔 하나를 깼다.

My cousin broke _____ _____ at a restaurant.

3 우리 반에 Jane이라는 이름을 가진 사람이 세 명 있다.

There are _____ _____ in my class.

4 Leo는 일주일에 세 번 피아노 레슨을 받는다.

Leo takes piano lessons three times _____ week.

F 다음 문장의 빈칸에 알맞은 관사를 쓰시오.

1 _____ sky is clear and the wind is cool.

2 Every summer we swim in _____ river in front of my grandfather's house.

3 There is a cell phone on the bench. _____ cell phone is my sister's.

4 My mom was _____ beauty when young.

5 Clare is willing to help _____ poor.

6 We believe _____ earth is _____ most beautiful planet in our solar system.

UNIT

UNIT 07

형용사의 쓰임 1
Uses of Adjectives

대부분의 형용사는 명사를 수식하는 한정적 역할을 하거나, 주어·목적어의 상태를 설명하는 서술적 역할을 한다. 그러나 어떤 형용사들은 어느 한 가지의 역할만을 하기도 한다.

■ 형용사의 역할

용법	쓰임	예문
한정적 용법	명사의 앞·뒤에서 수식	*Maple Story* is a very **famous** computer game. The **high** price surprised Jeff. Sophie has a **splendid** evening dress. I want something **new** and **special**.
서술적 용법	주격보어 목적격보어	He felt **sad** for that terrible story. (주격보어) Katherine became **tired** after finishing the marathon. (주격보어) She found the table **damaged** during the delivery. (목적격보어) People consider Janet **smart**. (목적격보어)

■ 형용사의 쓰임

구분	종류	예문
한정적 용법의 형용사	elder, former, inner, entire, total, upper, sole, lone, golden, wooden, only, mere, very 등	The **former** report was better than this one. You must correct only this **upper** side. Everybody is given 24 **golden** hours. I have a **wooden** bracelet from my grandmother. I am the **only** child. This is the **very** house he has been looking for.
서술적 용법의 형용사	alone, afraid, asleep, awake, alive, alike, ashamed 등	The horse was **alone** in the field. They were always **afraid** of losing their money. It was surprising that the whale was still **alive**. Sophia pretended to be **asleep**, but she was **awake**. Sue and Alley are really **alike**. She felt **ashamed** of her mistake.

■ 형용사 역할을 하는 어구

분사, 부정사, 전치사구는 명사를 수식하거나 주격보어·목적격보어로 쓰여 형용사 역할을 할 수 있다.

종류	예문
분사	I know the girl **sitting** *on the bench* in the park. (명사 수식) John was **excited** when his father said they would travel to Europe. (주격보어) I saw Jenny **helping** the poor. (목적격보어)
부정사	Her teacher had Laura **solve** the math problem on the board. (목적격보어) My father allowed me **to follow** in his footsteps. (목적격보어)
전치사구	I'd like to have the fruits **in that basket**. (명사 수식)

EXERCISE

A 다음 문장의 ( ) 안에서 알맞은 말을 고르시오.

1 I received a very fashionable watch (making, made) in Switzerland.

2 This rotten meat smells (terrible, terribly).

3 The old man lived a (lonely, alone) life in the country.

4 The athlete was very tired that he soon fell (sleeping, asleep).

B 다음 중 <u>어색한</u> 부분을 바르게 고쳐 문장을 다시 쓰시오.

1 Don't kill any alive creatures.

→ _____

2 Most of the volunteers thought the work difficulty.

→ _____

C 다음 대화의 빈칸에 알맞은 말을 〈보기〉에서 골라 쓰시오.

> 보기   elder   older   awake   ashamed

1 A Let me show you my family picture.
   B Wow. What a big family! Do you have three sisters?
   A Right. All of the three are my _____ sisters.
   B I didn't know you're the youngest daughter in your family.

2 A Would you like to drink a cup of coffee?
   B No, thanks. Coffee keeps me _____.
   A I can't sleep if I drink it in the afternoon, either. But it's early in the morning.
   B I would rather drink a glass of juice.

D 다음 우리말과 같은 뜻이 되도록 주어진 말을 바르게 배열하여 쓰시오.

1 자고 있는 아기를 깨우지 않도록 조용히 해라.

(quiet / not / wake up / sleeping / be / the / baby / to)

→ _____

2 책상 위에 있는 책들은 내 것이 아니야.

(mine / not / the / on / are / the / books / desk)

→ _____

3 너는 실수를 저지르는 것이 두렵니? (afraid / making / are / of / you / mistakes)

→ _____

UNIT 08

형용사의 쓰임 2
Uses of Adjectives

■ 명사 뒤에서 수식하는 형용사

종류	예문
여러 개의 형용사/형용사구	I need *a man* **kind**, **humorous**, and **cheerful**. My husband sent me *a basket* **full of flowers**.
-thing/-one/-body+형용사	I want to drink *something* **cold**. Megan needs *someone* **generous and understanding**. Is there *anybody* **brave** in this class?
최상급/all/every/only+명사+-able/-ible	This is **the best** *design* **imaginable**. I tried **every** *means* **possible**. Is he **the only** *friend* **reliable** around you?
수사+단위명사+형용사	This pond is **20** *meters* **deep**. My mother is **57** *years* **old**. This tree is **nine** *meters* **high**.

●●● 형용사가 두 개 이상이면 명사의 특징을 가장 잘 나타내는 형용사를 명사의 가까이에 두는데, 일반적으로 다음과 같은 어순을 취한다.

> all/both+지시사/한정사+수량(number)+주관적 판단+크기(size)+모양(shape)+신/구(age)+색(color)+출처(origin)+재료(substance)+명사

ex. Look at those two handsome tall young African guys!
　　　　지시　　수량　주관적 판단　크기　신/구　　출신

●●● 학년, 깊이, 높이 등 여러 형용사가 하이픈으로 묶여서 명사를 수식하기도 한다. 이때 단위를 나타내는 명사는 반드시 단수로 써야 한다.

She has *a **three-year-old*** brother. 그녀는 3살 난 남동생이 있어.
This is ***the nine-meter-high*** tree. 이것은 9미터 높이의 나무야.

■ 주의해야 할 형용사의 위치

종류	예문
so/as/too/how+형용사+관사+명사	I have never seen **so pretty a** *flower* before. This is **too good a** *chance* to lose. **How handsome** *the boy* is!
such/half/quite/rather+관사+형용사+명사	I have never seen **such a pretty** *flower* before. **Half the useless** *books* were thrown away. You are **quite a tall** *girl*.
all(+of+지시사/the)+복수 명사	**All the students** have to go to school by 8:30. You can have **all of these cookies**.
both(+of+the)+복수 명사	**Both girls** want to join our team. **Both of the children** laughed loudly.

A 다음 문장의 ( ) 안에서 알맞은 말을 고르시오.

1 There is (something strange, strange something) in the corner of the room.

2 The building is (five feet tall, tall five feet).

3 This is (so a difficult project, so difficult a project).

B 다음 ( ) 안의 말을 넣어서 문장을 다시 쓰시오.

1 Ask somebody to help you. (else)

→ _____

2 These cute puppies are mine. (three)

→ _____

3 I have imagined every situation. (possible)

→ _____

C 다음 주어진 말을 바르게 배열하여 문장을 완성하시오.

1 A Kate, I'm so worried because of my Korean homework.
   B What is it?
   A It's to read this book and summarize the story within two days.
      Have a look at _____ (thick / blue / English / this) book.
   B Wow, it's _____ . (thick / a / book / quite)
      It may take more than two days to read the book.

2 Last winter my family went to the East coast and saw a sunset. Mom said, "I have never seen _____ (sight / such / beautiful / a) as this.

D 다음 우리말과 같은 뜻이 되도록 주어진 말을 바르게 배열하여 쓰시오.

1 너는 저기에 뭔가 이상한 것이 보이니?

(over / strange / there / do / anything / you / see)

→ _____

2 이것은 놓치기에는 너무 좋은 기회이다. (chance / lose / this / to / a / good / is / too)

→ _____

3 그 밧줄은 길이가 2미터이다. (rope / meters / the / two / long / is)

→ _____

UNIT 09 형용사의 쓰임 3
Uses of Adjectives

■ 주의해야 할 형용사의 쓰임
TIP 사람을 주어로 쓰지 않는 형용사는 가주어 It과 의미상 주어인 「for+목적격」을 써서 문장을 만든다.

구분	종류	예문
사람을 주어로 쓰지 않는 형용사	necessary, important, (im)possible, convenient	It is **necessary** for Tom to study harder. It is **important** for Sarah to solve it.
형용사의 명사적 쓰임	「the+형용사」 = 복수 보통명사	**the young** = young people 젊은 사람들 **the elderly** = old people 늙은 사람들

■ 수량형용사
TIP 수량형용사는 셀 수 있는 명사의 '수' 나 셀 수 없는 명사의 '양'을 나타내며, 기수·서수·배수사도 포함한다.

구분	어구	예문
가산명사 수식	many+복수명사(많은) many a+단수명사(많은) a great[good] many(아주 많은) quite a few(꽤 많은) not a few(적지 않은) only a few(극히 소수의) a few(약간의), few(거의 없는)	There are **many** passers-by in the street. Dan saw **many a** soldier marching. Wow, you have **a great many** books in the room! We visited **quite a few** museums. **Not a few** people are interested in this game. I bought **a few** things at the supermarket. There were **few** things to throw out.
불가산명사 수식	a great[good] deal of(아주 많은) quite a little(꽤 많은) not a little(적지 않은) only a little(극히 적은) a little(약간의), little(거의 없는)	They need **a great deal of** help from other nations. We need **quite a little** food for the party. Do you know you have to drink **not a little** water every day? Mom gave me **only a little** money.

TIP 가산명사와 불가산명사를 모두 수식하는 형용사
a lot of, lots of, plenty of

■ be동사+형용사+전치사

종류	예문
be likely[apt] to(~하기 쉽다) be willing to(기꺼이 ~하다) be ready to(~할 준비가 되어 있다) be anxious[eager] to(~하기를 갈망하다) be good at(~을 잘하다) be good for(~에 좋다) be fond of(~을 좋아하다) be proud of(~을 자랑스러워 하다) be aware of(~을 알고 있다) be similar to(~과 비슷하다) be due to(~ 때문이다, ~하기로 되어 있다) be worried about(~에 대해 걱정하다) be different from(~와 다르다) be familiar with(~에 익숙하다) be famous for(~으로 유명하다)	This glass **is likely[apt] to** be broken. I **am willing to** give my book to you. Bob **was ready to** go out. Harry **is anxious to** go to a theme park. The boy **is good at** playing soccer. Vegetables **are good for** your health. Cats **are fond of** fish. I **am proud of** being your teacher. I **was** well **aware of** the danger. Your bag **is similar to** mine. The accident **is due to** the bad weather. My mom **is** always **worried about** me. You **are** so **different from** your brother. **Are** you **familiar with** climbing mountains? Italy **is famous for** pizza.

EXERCISE

A 다음 문장의 ( ) 안에서 알맞은 말을 고르시오.

1 Joan has not a (few, little) friends.

2 Bob drank (quite a little, quite a few) juice last night.

3 I am willing to give my seat to (elderly, the elderly).

4 She is fond (to, of) swimming.

B 다음 중 <u>어색한</u> 부분을 바르게 고쳐 문장을 다시 쓰시오.

1 Mary has only a little relatives in New York.

→ _____

2 Sandra saw quite a little actors when she went to the movies.

→ _____

3 All your problems are due with your negative attitude.

→ _____

C 다음 대화의 빈칸에 알맞은 말을 〈보기〉에서 골라 쓰시오.

> 보기   apt to   worried about   different from   not a few   not a little

1 A I'm _____ my future.
  B Why? You're still young, and you're doing very well at school.
  A I don't know what I would like to be in the future.
  B Just do your best in everything.

2 A Congratulations on your twentieth birthday.
  B Thank you so much. I feel so pleased because _____ people remembered my birthday.
  A Because you're popular.

D 다음 우리말과 같은 뜻이 되도록 주어진 말을 사용하여 영어로 쓰시오.

1 그가 몇 가지 제안을 해 주었다. (make, a, suggestions)

→ _____

2 우리 학교는 다양한 동아리 활동으로 유명하다. (various club activities)

→ _____

3 Clare는 뉴욕에 갈 필요가 있다. (necessary, for, New York)

→ _____

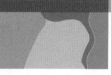

01 다음 중 밑줄 친 부분의 쓰임이 〈보기〉와 같은 것을 모두 고르면? (2개)

> 보기   This is the backpack <u>full</u> of my clothes.

① I feel <u>good</u>.
② This cloth feels very <u>smooth</u>.
③ We heard a woman <u>yelling</u>.
④ This is the movie <u>suitable</u> for young children.
⑤ I have a car <u>large</u> enough for our family.

02 다음 중 밑줄 친 형용사의 쓰임이 어색한 것은?

① What are the <u>main</u> points?
② I felt so <u>alone</u> when she left.
③ All of their songs sound <u>alike</u>.
④ The novel is <u>worth</u> reading.
⑤ Don't laugh at the <u>ashamed</u> girl.

03 다음 우리말과 같은 뜻이 되도록 할 때 빈칸에 알맞지 않은 것은?

> 나는 평생 동안 많은 어려움을 겪어 왔다.
> → I have gone through _____ trouble in my life.

① a lot of   ② lots of
③ quite a little   ④ many a
⑤ not a little

[4~6] 다음 중 어법상 어색한 문장을 고르시오.

04 ① Jason is so a clever boy.
② That is such a useless machine.
③ All the soldiers marched on the street.
④ That was quite a loud party.
⑤ Both brothers looked excited about the trip.

05 ① There are little passengers in the bus.
② Not a few people believe the news.
③ Lots of people have cell phones.
④ Sandra had plenty of sleep last week.
⑤ Few students attend the class.

06 ① Look at those two large new buildings.
② These three nice pens are mine.
③ Those large red roses pleased the sick.
④ The only available room was expensive.
⑤ Sarah wants to have something delicious.

07 다음 중 어법상 어색한 표현을 찾아 바르게 고쳐 쓰시오.

> A How deep is the pond?
> B It is deep five feet.

_____ → _____

08 다음 우리말을 영어로 바르게 옮긴 것은?

> 그는 체중을 줄일 필요가 있다.

① He is necessary to lose some weight.
② It is necessary for him to lose some weight.
③ He is necessary for him to lose some weight.
④ It is necessary to lose some weight.
⑤ It is necessary for him to losing some weight.

[9~10] 다음 우리말과 같은 뜻이 되도록 주어진 말을 사용하여 영어로 쓰시오.

09
> 그는 영어에서 상당한 진전을 이루어 왔다.
> (has made, progress, in, quite)

→ _____

10
> 여름 내내 비가 거의 안 왔다.
> (had, all summer long)

→ _____

11 다음 (A), (B)에 들어갈 말이 바르게 짝지어진 것은?

> A You and Jacob look really ___(A)___.
>   It's certain that you are siblings. Right?
> B Yes. Jacob is my ___(B)___ brother.
> A Really? But he looks younger than you.

① same – elder   ② different – younger
③ same – younger   ④ different – elder
⑤ alike – elder

[12~13] 다음 글을 읽고 물음에 답하시오.

> I always go to the park after dinner. I am ___(A)___ walking ① slowly there and enjoy seeing what others do. In the evening, there are always ② quite a little children in the park. They run and jump ③ happily with their parents. They look so ④ peaceful.

12 위 글의 빈칸 (A)에 '~하기를 좋아하다'는 의미가 되도록 알맞은 두 단어를 쓰시오.

→ _____

13 위 글의 밑줄 친 부분 중 어법상 어색한 것을 고르시오.

[14~15] 다음 글을 읽고 물음에 답하시오.

> My best friend is totally ___(A)___ me. He tends to think too much before doing something. It always takes a lot of time for him to decide what to do and how to do it. On the other hand, I make haste in everything. For example, I have made ___(B)___ mistakes on my tests. I don't think too much about the questions. Though we're different, we like each other.

14 위 글의 빈칸 (A)에 '~와 다르다'는 의미가 되도록 알맞은 두 단어를 쓰시오.

→ _____

15 위 글의 내용상 빈칸 (B)에 가장 알맞은 말은?

① few   ② little
③ many a   ④ quite a little
⑤ a good many

 A 다음 우리말과 같은 뜻이 되도록 주어진 말을 바르게 배열하여 쓰시오.

1 나는 크고 파란 이 가방이 좋아. (like / blue / bag / this / big / I)

→ _____

2 상상할 수 있는 모든 해결책을 말해 봐. (the / imaginable / all / say / solutions)

→ _____

3 중학교는 초등학교와 다르다. (middle school / different / elementary school / is / from)

→ _____

4 나는 새로운 사람들을 만나는 것을 좋아한다. (fond / meeting / people / am / of / new / I)

→ _____

5 내가 건강해지는 것이 중요하다. (healthy / for / it / me / become / is / important / to)

→ _____

6 나의 선생님은 우리에게 많은 숙제를 할 것을 요구하신다.
(homework / do / us / lots / my / to / teacher / requires / of)

→ _____

B 다음 우리말과 같은 뜻이 되도록 빈칸에 알맞은 것을 고르시오.

1 이 강은 폭이 오백 미터이다.
This river is _____.
① wide five hundred meters   ② five hundred meters wide

2 그 모든 소년들은 그 광경을 보고 웃었다.
_____ laughed at the sight.
① The all boys   ② All the boys

3 청중들 중에는 몇몇의 젊은 사람들이 있었다.
There were _____ young people in the audience.
① a little   ② a few

4 James는 그런 위치에 적절한 사람이다.
James was the _____ man for such a position.
① very   ② only   ③ mere

C 다음 중 <u>어색한</u> 부분을 바르게 고쳐 문장을 다시 쓰시오.

1 Did your dad tell you surprising anything?

→ _____

2 This is so a useful tool.

→ _____

3 The sick has to be taken care of by others.

→ _____

4 Look at two those new large buildings.

→ _____

D 다음 중 어법상 <u>어색한</u> 문장을 고르시오.

1 ① I have many a friends.
② We had only a little snow this winter.

2 ① He is a former president of America.
② The afraid boy ran away from the dog.

E 다음 우리말과 같은 뜻이 되도록 빈칸에 알맞은 말을 쓰시오.

1 활동적인 사람들은 늘 새로운 뭔가를 하려고 노력한다.
Active people always try to do _____ _____.

2 우리는 가난한 사람들을 도와줄 것이다.
We will help _____ _____.

3 James는 농구를 잘한다.
James is _____ _____ playing basketball.

4 Megan은 요리하는 데에 익숙하다.
Megan is _____ _____ cooking.

5 TV에 광고가 꽤 많다.
There are _____ a _____ commercials on TV.

01 다음 중 밑줄 친 부분이 미래를 나타내는 표현이 아닌 것은?

① Richard is visiting England next month.
② We're having a party tomorrow evening.
③ My little brother is taking a shower.
④ I am meeting her at seven tomorrow.
⑤ I am leaving in twenty minutes.

02 다음 두 문장을 한 문장으로 바꿀 때 알맞은 것은?

> It started to snow when my son left home. It's still snowing now.

① It is snowing now since my son left home.
② It was snowing since my son left home.
③ It has been snowing since my son left home.
④ It had been snowing since my son left home.
⑤ It will have snowed since my son left home.

03 다음 중 어법상 올바른 문장은?

① Erica is knowing my phone number.
② He is usually being nice to me.
③ UN is standing for United Nations.
④ Meggy is having a piece of cake.
⑤ I am resembling my father a lot.

04 다음 중 어법상 어색한 문장은?

① I looked the upper part of the shelf.
② Don Solleder is the very person I've been looking for.
③ My two brothers are really alike, but I'm not.
④ There was an asleep child in the bus this morning.
⑤ Donna felt ashamed of her rude behavior.

05 다음 문장의 빈칸에 들어갈 말로 알맞지 않은 것은?

> I haven't seen him _____.

① lately   ② before
③ for a long time   ④ since last Sunday
⑤ the day before yesterday

[6~7] 다음 우리말과 같은 뜻이 되도록 빈칸에 알맞은 말을 쓰시오.

06
> Maria는 젊었을 때 미인이었다.

→ Maria was _____ when young.

07
> 내가 이 기사를 한 번 더 읽으면 네 번 읽는 것이 될 것이다.

→ If I read this article once more, I _____ it four times.

08 다음 주어진 말을 바르게 배열하여 문장을 다시 쓰시오.

> Look at (old / that / English / silver-colored) car!

→ _____

09 다음 글의 빈칸에 들어갈 말로 알맞지 <u>않은</u> 것은?

> For the last few decades, our national wealth has increased *remarkably. However, there still remains those who need _____ help from you.
>
> * remarkably 현저하게, 매우

① plenty of　　　② lots of
③ a lot of　　　④ a great deal of
⑤ a good number of

10 다음 중 어법상 올바른 문장은?

① I saw this picture two months before.
② He is loving you so much.
③ He is leaving here next Friday.
④ I have been thinking about changing my hairstyle yesterday.
⑤ We were going to visit the Louvre next Monday.

11 다음 빈칸에 had가 들어갈 수 <u>없는</u> 문장은?

① I found that they _____ painted the house red.
② After he took medicine, he _____ felt better.
③ I was upset because she _____ not telephoned.
④ My uncle _____ worked for three different companies when I was sixteen years old.
⑤ When we got to the concert hall, we found that all the tickets _____ been sold.

12 다음 밑줄 친 동사의 시제를 바르게 고쳐 쓰시오.

> I wonder whether he <u>comes</u> back or not.

→ _____

13 다음 빈칸에 the가 필요한 문장은?

① _____ pen that I have lost was an expensive one.
② She went to the library by _____ bus.
③ This is my friend, _____ Koby Miller.
④ Jeffrey plays _____ table tennis very well.
⑤ After _____ school, I will stay in my classroom.

14 어법상 <u>어색한</u> 부분을 찾아 바르게 고쳐 쓰시오.

> We learned that the moon moved round the earth.

_____ → _____

15 다음 밑줄 친 부정관사의 의미가 〈보기〉와 같은 것을 <u>모두</u> 고르면? (2개)

> 보기 My heart beats sixty times <u>a</u> minute.

① <u>A</u> dog is a faithful animal.
② <u>A</u> cute girl asked me the way to the station.
③ He takes tennis lessons twice <u>a</u> week.
④ We have to sleep eight hours <u>a</u> day to keep our health.
⑤ <u>A</u> strange-looking man came to see you.

16 다음 글의 내용상 빈칸에 알맞은 말은?

> Nowadays we don't know our history very well. Moreover, we _____ neglect our language, Korean. However, we have to focus on studying the things related to our people's identification. In other words, we should have lots of concern for our history and language.

① are ready to
② are good at
③ are likely to
④ are due to
⑤ be anxious to

[17~18] 다음 글을 읽고 물음에 답하시오.

> On Sunday I had to do very difficult homework. But our house was very noisy because of the two little brothers. So I went to the library. When I arrived at the library, I found that I ___(A)___ my book at school. I had to (B) <u>go to school</u> to get it.

17 위 글의 빈칸 (A)에 들어갈 leave의 알맞은 형태는?

① left
② leave
③ will leave
④ have left
⑤ had left

18 위 글의 밑줄 친 (B)를 바르게 고쳐 쓰시오.

→ _____

[19~20] 다음 대화를 읽고 물음에 답하시오.

> A What is Sarah doing?
> B She ___(A)___ since she came back from school.
> A She might have argued with friends.
> B I have to ask her when she (B) <u>will get up</u>.

19 위 글의 밑줄 친 (A)가 '돌아와서부터 계속 자고 있다'는 뜻이 되도록 할 때 sleep의 알맞은 형태는?

① is sleeping
② was sleeping
③ will be sleeping
④ has been sleeping
⑤ had been sleeping

20 위 글의 밑줄 친 (B)를 알맞은 형태로 고쳐 쓰시오.

→ _____

WRITING  TIME

A Translate the Korean sentences into English using the given words.

1 이렇게 넓은 경기장을 전에 본 적이 없다. (see, such, large, stadium, before)

➡ _____

2 대부분의 사람들은 폭력에 반대한다. (most, against, violence)

➡ _____

3 로마는 하루에 이루어지지 않았다. (Rome, build, in a day)

➡ _____

4 젊은 사람들은 노인들의 지혜를 배운다. (young, wisdom, old)

➡ _____

5 John은 그런 행동을 하는 것을 부끄러워하니? (ashamed, do, such, behavior)

➡ _____

6 나는 새로운 어떤 것을 해보고 싶다. (do, something)

➡ _____

B 다음 글을 읽고 자신을 주인공으로 가정하여 아래 질문에 완전한 문장으로 답하시오.

> I have been pretty busy. There have been so many things happening since March. I have become a semi-artist. Now I go to a big art school in Paris. I'm attending a famous art school in Paris. My house is still messy. It hasn't been put in order yet. The surroundings are totally different. There are cars and buildings instead of lakes and trees.

1 How have you been recently?

➡ _____

2 What has happened to you?

➡ _____

3 What can you see around your house?

➡ _____

4 Has your house been put in order yet?

➡ _____

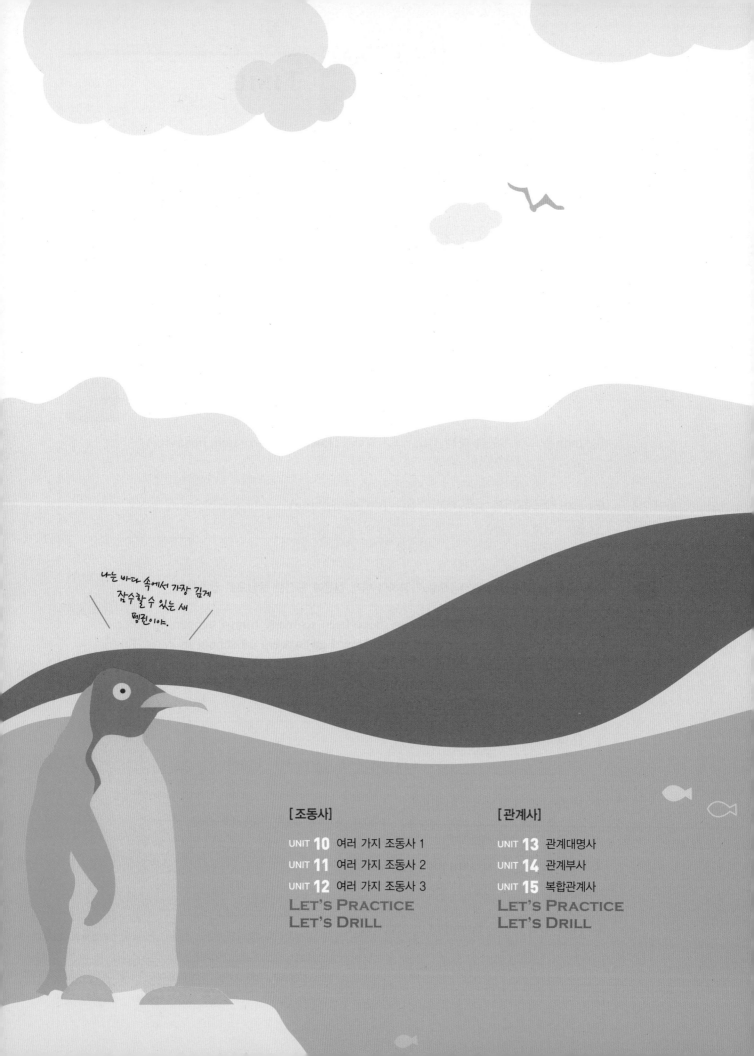

나는 바다 속에서 가장 깊게
잠수할 수 있는 새
펭귄이야.

CHAPTER **II**

UNIT 10

여러 가지 조동사 1
Auxiliary Verbs

■ can, could, will, would

TIP can = be able to
will = be going to
must = have to

종류	쓰임	예문
can	능력(~할 수 있다) 허가(~해도 된다) 경향(~하는 경향이 있다)	She **can** play tennis very well. Betty **can't** read German. **Can** I ask you a question? A child **can** become a great nuisance. · nuisance 귀찮은 사람
could	과거의 능력(~할 수 있었다) 정중한 요청(~해 주시겠어요?) 불확실한 추측(~일지도 모른다)	I **could** ride a bike when I was young. **Could** you give me a hand? It **could** be rainy.
will	미래(~할 것이다) 습성/경향(~하는 경향이 있다) 고집(~하려고 한다)	She **will** get her certificate next year. · certificate 수료증 Babies **will** often cry when they're hungry. He's stubborn, so he **won't** change his mind.
would	과거 습관(~하곤 했다) 과거 고집(~하려고 했다) 요청(~해 주시겠어요?)	I **would** sit hours reading books, but not now. He **would not** take their advice. **Would** you come and see me tomorrow?

■ may, might, must, should, ought to

종류	쓰임	예문
may	추측(~일 것이다) 허가(~해도 좋다) 기원(~하기를 바란다)	Look at the sky. It **may** rain soon. **May** I submit my paper tomorrow? **May** you both be happy forever!
might	추측(~일 것이다)	He **might** come back soon. I don't feel well. I **might not** go to school tomorrow.
must	의무(~해야 한다) 금지(부정)(~하면 안 된다) 강한 추측(~임에 틀림없다)	I **must** go now. You **must not** park here. He **must** be angry with you.
should	의무(~해야 한다) 당위(~해야 한다)	We **should** keep safety rules. I suggested that she (**should**) take a rest.
ought to	의무(~해야 한다)	At your age, you **ought to** study harder. Smoking **ought not to** be allowed in this restaurant.

■ should를 써야 하는 동사

주장, 명령, 요구, 제안의 동사 뒤의 that절 안에 당위적인 내용이 와서 '~할 필요가 있다/~해야 한다'라는 의미를 내포하고 있을 때 that절 안에는 「(should)+동사원형」을 쓴다. 이때 should는 종종 생략되고 동사원형만 남는다.

동사	예문
insist, command, require, demand, suggest, propose 등	He **insists** that Sujin (**should**) **go** see a doctor immediately. (당위) *cf.* He **insisted** that Sujin **went** shopping at that time. (과거 사실에 대한 단순 주장)

EXERCISE

A 다음 문장의 ( ) 안에서 알맞은 것을 고르시오.

1 They ran a marathon. They (should, must) be exhausted.

2 I begged him many times, but he (won't, wouldn't) listen to me.

3 (May, Should) God bless you and your family!

4 You (ought not to, ought to not) behave in such an impolite way.

B 다음 두 문장이 같은 뜻이 되도록 빈칸에 알맞은 말을 쓰시오.

1 I'm sure that they are satisfied with the result.
   → They _____ _____ satisfied with the result.

2 I pray that the couple will live happily ever after.
   → _____ the couple _____ happily ever after!

3 It is possible that we will have a financial problem.
   → We _____ _____ a financial problem.

4 It was impossible for us to reach the place on time.
   → We _____ _____ the place on time.

C 다음 대화의 빈칸에 알맞은 말을 쓰시오.

1 A _____ you do me a favor?
   B Of course. What is it?

2 A _____ I attend the meeting?
   B No, you don't have to.

3 A What does the sign say?
   B It says we _____ not smoke in the room.

D 다음 우리말과 같은 뜻이 되도록 빈칸에 알맞은 말을 쓰시오.

1 그는 너무 멀리 있어서, 우리는 그를 볼 수 없었다.
   → He was so far away that we _____ _____ _____.

2 너는 그렇게 무례한 말을 해서는 안 된다.
   → You _____ _____ _____ say such a rude thing.

3 그는 우리들이 소풍을 가야 한다고 주장했다.
   → He insisted that _____ _____ _____ on a picnic.

UNIT 11

여러 가지 조동사 2
Auxiliary Verbs

■ used to, had better, would rather ⓣⓘⓟ would와 used to 둘 다 과거의 습관을 나타낼 때 쓰이나 과거의 상태를 표현할 때는 used to만 사용된다.

종류	쓰임	예문
used to	과거의 습관(~하곤 했다) 과거의 상태(~였었다)	Nara **used to** go to school on foot, but not now. There **used to** be a very tall building in this place.
had better	충고/권유(~하는 게 낫겠다) = may as well	You **had better** stop smoking. ➡ You **may as well** stop smoking. You'**d better not** read too many comic books. ➡ You **may not as well** read too many comic books.
would rather	취향/선택(차라리 ~하다)	I **would rather** die than lose my conscience. ·conscience 양심 I'**d rather** walk there than wait for the next bus. I'**d rather not** believe her words if I were you.

■ need, dare

종류	쓰임	예문
need	필요(~할 필요가 있다) (↔ need not / don't have to)	**Need** we go there every day to visit her? Carol **need not** take part in the debate. ➡ Carol **doesn't have to** take part in the debate.
dare	감히 ~하다 (의문문 · 부정문에 쓰임)	How **dare** you say such a thing to me? She **dare** not call me that late at night. **Dare** Sue say such rude things about her teacher?

●●● need와 dare는 일반동사로도 쓰인다.

    ex. You **need** to be on time for the conference.

        Nobody **dared** to ask her about her feelings.

ⓣⓘⓟ must가 '필요'의 의미로 쓰일 때 부정은
don't have to 또는 need not으로 쓴다.

■ 주의해야 할 표현들

종류	쓰임	예문
had better	~하는 게 낫겠다(상대방에게 권유 · 충고) – 주어 You가 많다.	You **had better** start right now.
would rather	(나라면) 차라리 ~하겠다(개인적 취향 선택) – 주어 I가 많다.	I **would rather** go home right now.
used to + 동사원형	~하곤 했다(과거의 습관) ~있었다 (지금은 없다)	She **used to get** up early, but now she doesn't. (과거의 습관) There **used to be** a tree house where we played. (과거에 있었음.)
be[get] used to + -ing / 명사	~하는 데 익숙하다	She **is used to getting** up at six o'clock. **I'm getting used to this job**. (현재 익숙해짐.)
be used to + 동사원형	~하는 데 사용되다	*Hanji* **was used to make** speakers. (수동태) Shampoo **is used to wash** your hair.

EXERCISE

A 다음 문장의 (   ) 안에서 알맞은 것을 고르시오.

1 Smoking is bad for your health. You (had better, would) quit.

2 I used to (read, reading) romantic novels when I was young.

3 We did everything for you. How (need, dare) you do this to us?

4 Most children in the past (used to, were used to) walk to school for a long time.

B 다음 두 문장이 같은 뜻이 되도록 빈칸에 알맞은 조동사를 쓰시오.

1 Sandy doesn't have to worry about the exam.
  → Sandy _____ _____ worry about the exam.

2 I will choose to die before I live in disgrace.
  → I _____ _____ die than live in disgrace.

3 We were crazy about hip hop music, but now we aren't.
  → We _____ _____ _____ crazy about hip hop music.

C 다음 대화의 빈칸에 알맞은 조동사를 쓰시오.

1 A What's your favorite food?
   B I _____ _____ like western food, but now I like Korean food.

2 A Do I have to memorize all the sentences?
   B No, you _____ not. It is not necessary at all.

3 A Let's accept his proposal.
   B No, I _____ _____ do it my way than accept it.

D 다음 우리말과 같은 뜻이 되도록 빈칸에 알맞은 말을 쓰시오.

1 너는 네 의견을 주장하지 않는 게 좋겠다.
  → You'd _____ _____ insist on your opinion.

2 예전에 이 주변에 큰 호수가 있었다.
  → There _____ _____ _____ a big lake around here.

3 내 여동생은 감히 그런 짓 못해.
  → My little sister _____ not do such a thing.

UNIT **12**

여러 가지 조동사 3
Auxiliary Verbs

■ 조동사 + have p.p.

종류	쓰임	예문
must have p.p.	과거의 강한 추측 (~였음에 틀림없다)	I didn't hear the sound. I **must have been** asleep. You **must have been** very sick last weekend.
may / might (not) have p.p.	과거의 약한 추측(~이었을지도 모른다 / ~ 아니었을지도 모른다)	They **might have seen** a comet the other night. • comet 혜성 Andrew **may have been** one of the competent candidates. Patrick **might not have been** there.
cannot have p.p.	과거의 부정 추측 (~이었을 리 없다)	He **cannot have been** at his home. He was with me. You **cannot have solved** this math problem for yourself.
should (not) have p.p.	과거의 후회/유감(~했어야 했다 / ~하지 말았어야 했다)	I **should have taken** the teacher's advice. You **shouldn't have told** the truth.
ought (not) to have p.p.	과거의 후회/유감 (~했어야 했다/~하지 말았어야 했다)	Sally **ought to have seen** the movie. It was fantastic. You **ought not to have spent** all the money you had.
would rather (not) have p.p.	과거의 후회 (차라리 ~했으면 좋았을 것을 / 차라리 ~하지 않았으면 좋았을 것을)	Denny **would rather have stayed** at home. I **would rather have traveled** alone. I **would rather not have met** her boyfriend.
need (not) have p.p.	과거의 필요 (~할 필요가 있었는데 / ~할 필요가 없었는데)	Bob **need have made** a boat for his son. You **need not have given** me such an expensive present.

TIP must have p.p.의 부정은 cannot have p.p.이다.

■ 조동사의 관용 표현

종류	쓰임	예문
cannot ~ too ...	아무리 ~해도 지나치지 않다	We **cannot** be **too** careful when we drive on slippery roads.
cannot help + -ing	~하지 않을 수 없다 (= cannot but + 동사원형)	I **cannot help worrying** about the test. We **couldn't help respecting** our English teacher. (= We **couldn't but respect** our English teacher.)
may well	~도 당연하다	Taehwan **may well** win the gold medal in the Olympics. You **may well** be proud of your children.
may as well	~하는 것이 좋겠다 (= had better)	Sean **may as well** go see a doctor. (= Sean **had better** go see a doctor.)
would like to	~하고 싶다 (= feel like + -ing / want to)	I **would like to** dance with Tim. We **would like to** make a trip to China. (= We **feel like making** a trip to China.) (= We **want to** make a trip to China.)

EXERCISE

A 다음 문장의 ( ) 안에서 알맞은 것을 고르시오.

1 You missed a great scene. You (should, must) have seen it.

2 Ben didn't answer the door. He (may, should) have been asleep.

3 Tiffany is honest. She (must, cannot) have stolen the jewelry.

4 We got there very late. We (might, ought to) have taken the subway.

B 다음 두 문장의 뜻이 같도록 빈칸에 알맞은 말을 쓰시오.

1 What do you want to do right now?
→ What would you _____ _____ do right now?

2 You'd better buy what you need.
→ You _____ _____ _____ buy what you need.

3 You ought not to have behaved like that.
→ You _____ _____ _____ _____ like that.

C 다음 대화의 빈칸에 알맞은 조동사를 쓰시오.

1 A Hurry up! You are late for school.
B Oh, I _____ _____ got up earlier.

2 A You know what? Anne entered the Harvard!
B I heard that, too. She _____ _____ studied hard.

3 A The food was horrible at the party last night.
B That's right. I _____ _____ _____ starved to death.

D 다음 우리말과 같은 뜻이 되도록 빈칸에 알맞은 말을 쓰시오.

1 Eddie는 그때 나타나지 말았어야 했다. (appear)
→ Eddie _____ _____ _____ _____ then.

2 Kelly는 창백하다. 그녀는 아팠었음에 틀림없다.
→ Kelly is pale. She _____ _____ _____ sick.

3 Jenny는 빈털터리다. 그렇게 비싼 원피스를 샀을 리가 없다.
→ Jenny is broke. She _____ _____ _____ such an expensive dress.

01 다음 문장의 빈칸에 알맞은 말은?

> When he was young, he _____ sit for hours without a word.

① might   ② would   ③ should
④ may   ⑤ will

02 다음 문장의 빈칸에 공통으로 알맞은 말은?

> • I think all children _____ obey their parents.
> • I suggest that we _____ clean our classroom ourselves.

① might   ② could   ③ would
④ should   ⑤ had to

03 다음 두 문장이 같은 뜻이 되도록 할 때, 빈칸에 알맞은 말을 쓰시오.

> Jimmy once lived in a dormitory, but not anymore.

→ Jimmy _____ in a dormitory.

04 다음 문장 뒤에 이어지는 말로 자연스러운 것은?

> Brian knows everything about our secret.

① He must overhear us.
② He must have overheard us.
③ He can't have overheard us.
④ He could have overheard us.
⑤ He should have overheard us.

05 다음 중 어법상 <u>어색한</u> 문장은?

① Look at the sky. It might snow soon.
② I'd rather starve than eat such food.
③ You'd better not wear a mini skirt.
④ We ought to not make fun of others.
⑤ How dare he say such a thing to you?

06 다음 우리말과 같은 뜻이 되도록 빈칸에 알맞은 말을 쓰시오.

> 그의 콘서트는 정말 멋졌어. 너도 왔어야 했는데.

→ His concert was great. You _____
_____ _____.

07 다음 밑줄 친 부분 중 어법상 <u>어색한</u> 것은?

① I couldn't help <u>laughing</u> loudly.
② What would you like <u>to be</u>?
③ He may as well <u>not</u> go there.
④ You need not have <u>made</u> haste.
⑤ Amy <u>doesn't</u> have to attend the meeting.

08 다음 우리말을 영어로 <u>잘못</u> 옮긴 것은?

① 우리는 건강에 대해 아무리 조심해도 지나치지 않아.
  → We cannot be too careful about our health.
② 예전에는 여기에 커다란 감옥이 있었다.
  → There used to be a large prison here.
③ 그가 아들을 자랑스러워하는 것도 당연해.
  → He may as well be proud of his son.
④ 너는 거기에 혼자 가는 게 더 낫겠어.
  → You had better go there alone.
⑤ 나는 너와 결혼하느니 차라리 혼자 살겠다.
  → I would rather live alone than marry you.

09 다음 대화의 빈칸에 가장 알맞은 말은?

> A You know what? Darren was arrested for theft yesterday.
> B Nonsense! Something's wrong. He _____ such a thing.

① could not do
② cannot have done
③ must have done
④ should have done
⑤ might have done

10 다음 문장의 빈칸에 공통으로 알맞은 말을 쓰시오.

> • _____ I borrow your calculator?
> • He didn't attend the meeting.
>   He _____ have been sick.

11 다음 글의 밑줄 친 부분 중 의미상 어색한 것은?

> Here you choose what you ① would like to buy, then take it to the person at the counter. He or she ② may *ring it up on the machine, and ③ won't tell you how much it is. All you ④ have to do is to give him or her the money he or she ⑤ will ask for, and pack your purchases into a box or a bag.　* ring up (금전 등록기를 찍고 울려) 매상을 기록하다

12 다음 글의 빈칸에 조동사를 이용해서 알맞은 말을 쓰시오.

> People have made up a lot of stories about rainbows. One of them is that each color in a rainbow has a meaning. If the red color is the biggest, for example, it means warm weather. Green color means a good harvest. It was very warm yesterday. Then, the red color _____ the biggest in the rainbow.

13 다음 글의 빈칸에 들어갈 말이 <u>다른</u> 하나는?

> The idea of a car that knows where to go may seem impossible. However, new technology may soon make this possible. Cars ① _____ have computers to tell drivers which roads have the least traffic. That way the driver ② _____ waste time in traffic jams. There ③ _____ also be less pollution because the car engines ④ _____ run less. These news cars ⑤ _____ be known as "smart cars."

[14~15] 다음 글을 읽고 물음에 답하시오.

> When I entered the house, I immediately knew that I _____ have come in. But there was some strange force pulling me. When I was almost at the top of the stairs, I fell. There was someone or something else in the house. I realized that the eyes had been watching me all the time. Suddenly I felt something cold touching my face.

14 위 글의 빈칸에 가장 알맞은 말은?
① must
② should
③ cannot
④ shouldn't
⑤ may

15 위 글의 분위기로 가장 알맞은 것은?
① 슬프다
② 한가롭다
③ 무섭다
④ 단조롭다
⑤ 흥겹다

A 다음 문장의 빈칸에 가장 알맞은 말을 고르시오.

1 Sally didn't sleep at all last night. She _____ be sleepy now.
① must   ② should   ③ would

2 _____ you and your family be happy forever!
① Must   ② May   ③ Should

3 He insisted that everybody _____ bring his or her camera.
① must   ② would   ③ should

B 다음 대화의 빈칸에 알맞은 조동사를 쓰시오.

1 A _____ I memorize all the script?
B No, you don't have to. Just bring it.

2 A Are you interested in taking pictures?
B I _____ _____ be, but not anymore.

3 A How about eating out tonight?
B No, I _____ _____ order some pizza than eat out.

4 A _____ you please give me a hand?
B It depends. What is it?

C 다음 두 문장이 같은 뜻이 되도록 빈칸에 알맞은 말을 쓰시오.

1 It is certain that he worked out so much.
→ He _____ _____ _____ out so much.

2 It is possible that the couple already broke up.
→ The couple _____ _____ already _____ up.

3 I am sorry that you made such a crucial mistake.
→ You _____ _____ _____ such a crucial mistake.

4 It is impossible that Matt solved this problem himself.
→ Matt _____ _____ _____ this problem himself.

D 다음 우리말과 같은 뜻이 되도록 빈칸에 알맞은 말을 고르시오.

1 그가 자신의 아이들을 자랑하는 것도 당연하다.
→ He _____ show off his children.
① may well   ② may as well   ③ ought to

2 나는 그 우스운 광경에 웃지 않을 수가 없었다.
→ I _____ laughing at the funny sight.
① couldn't   ② couldn't but   ③ couldn't help

3 너는 침대에 누워 독서하지 않는 것이 좋겠다.
→ You _____ read in bed.
① had better   ② had better not   ③ had not better

E 다음 문장의 빈칸에 알맞은 조동사를 쓰시오.

1 You don't have to finish it right now. You _____ not do so.

2 I _____ rather starve to death than eat such terrible food.

3 Anne is so selfish that she _____ change her attitude towards others.

4 We _____ be too careful when we drive on a rainy day.

F 다음 우리말과 같은 뜻이 되도록 빈칸에 알맞은 말을 쓰시오.

1 네가 어떻게 감히 나에게 그런 말을 하니?
→ How _____ _____ _____ such a thing to me?

2 사람들은 서로에게 폐가 되는 행동을 하지 말아야 한다.
→ People _____ _____ _____ disturb other people.

3 예전에 이 근처에 매우 큰 공원이 있었다.
→ There _____ _____ _____ a very big park around here.

4 우리들은 에어컨 없이 사는 데 익숙하지 않다.
→ We aren't _____ _____ _____ without an air conditioner.

5 난 차라리 지금 자고 내일 아침 일찍 일어나는 게 낫겠어.
→ I _____ _____ go to bed now and wake up early tomorrow morning.

UNIT 13 관계대명사
Relative Pronouns

■ 관계대명사의 쓰임

종류	선행사	예문
who whose whom	사람	The girl **who** won the first prize is my best friend. I have a co-worker **whose** character is very attractive. I met the guy (**whom**) I loved so much. She is the lady *with* **whom** I danced yesterday. ➡ She is the lady (**who(m)**) I danced *with* yesterday.
which whose	동물, 사물	Jacob is a popular name **which** parents want to give to their baby boy. I need a pen *with* **which** I write. ➡ I need a pen (**which**) I write *with*. The novel (**which was**) written by Nicholas is my favorite book. The house **whose** roof is blue is Olivia's. TIP whose는 선행사가 사람, 사물일 때 모두 쓸 수 있다.
that	사람, 사물, 동물	I like the man **that** is kind, warm-hearted, and understanding.
	• 「사람 + 사물」, 「사람 + 동물」 • 선행사 앞에 서수, 최상급, the only, the very, the same, all, no, every 등이 올 때 • -thing, 의문사	Look at *the man and his dog* **that** are running here. He is *the first* Korean **that** climbed the mountain. It is *the funniest* movie **that** I've ever seen. You are *the only* one **that** I really love. I have *something* **that** you haven't seen yet. *Who* is the man **that** is standing over there?
what	그 자체에 선행사를 포함	I'll give her **what** she wants. (= the thing which / all that) **What** you said is unbelievable.

TIP 「주격 관계대명사+be동사」와 목적격 관계대명사는 생략할 수 있다.
또한 관계대명사 바로 앞에 전치사가 올 경우는 목적격 관계대명사를 써야 한다.

■ 관계대명사의 계속적 용법

관계대명사의 계속적 용법은 관계대명사절이 '부연 설명'의 느낌을 줄 때 쓰는 것으로, 관계대명사 앞에 쉼표를 쓴다. 이때 해석은 '앞에서 뒤로' 순차적으로 하기 때문에 계속적 용법이라고 부른다. 관계대명사의 계속적 용법은 「접속사+대명사」로 바꿔 쓸 수 있는데, 그 의미에 따라 접속사를 and, but, because, though 등으로 쓰고, 앞에 선행사를 대명사로 바꿔 쓴다.

계속적 용법의 관계대명사	접속사 + 대명사
I have two sons, **who** became doctors. We have five flavors, **which** have chocolate. I like the boy, **whose** voice is very beautiful. Brian passed the exam, **which** surprised everybody.	I have two sons, **and they** became doctors. We have five flavors, **and they** have chocolate. I like the boy **because his** voice is very beautiful. Brian passed the exam, **and it** surprised everybody.

ⓞⓞⓟ 관계대명사 that을 쓸 수 없는 경우 : 계속적 용법의 관계대명사, 소유격 관계대명사, 전치사 뒤에는 that을 쓸 수 없다.

(×) I have two sons, that are doctors.

(×) Look at the house that roof is red.

(×) She is the woman with that I play tennis.

A 다음 문장의 ( ) 안에서 알맞은 것을 고르시오.

1 He is the first student (who, that) came into the classroom.

2 She needs a piece of paper on (that, which) she will write.

3 We don't believe (that, what) you just said.

4 Todd has a fancy car, (that, which) runs very fast.

5 He has something (which, that) looks mysterious and wonderful.

B 다음 두 문장이 같은 뜻이 되도록 빈칸에 알맞은 말을 쓰시오.

1 Everybody loves Jessica, who is thoughtful.
 → Everybody loves Jessica, _____ _____ is thoughtful.

2 We went to the Italian restaurant, which was closed.
 → We went to the Italian restaurant, _____ _____ was closed.

3 I bought tons of comic books, which I read during the weekend.
 → I bought tons of comic books, _____ I read _____ during the weekend.

C 다음 대화의 빈칸에 알맞은 관계대명사를 쓰시오.

1 A Is that your elder sister?
 B No, she is the woman _____ I met just now.

2 A Do you hope to make a fortune?
 B No. _____ is the most important is health.

3 A Tell me about your favorite type of guy.
 B I love a guy _____ voice is low and easy to listen to.

D 다음 우리말과 같은 뜻이 되도록 빈칸에 알맞은 말을 쓰시오.

1 그는 사무실에서 나와 같이 일하는 사람이다.
 → He is the person with _____ _____ _____ in the office.

2 네가 바로 내가 이제껏 찾아온 바로 그 소녀이다.
 → You are the _____ _____ _____ I've been looking for.

3 그에게는 딸이 두 명이 있는데, 선생님이 되었다.
 → He has _____ _____, _____ _____ teachers.

UNIT 14 관계부사
Relative Adverbs

관계부사는 접속사와 부사의 역할을 동시에 하며, where, when, why, how가 있다.

> I like **Central Park**. + Many people can take a rest **in this park**.
>
> ➡ I like **Central Park** {**where** many people can take a rest}.

■ 관계부사의 쓰임

종류	쓰임	전치사+관계대명사	예문
where	장소	in which on which	This is *the house* **where** I was born. ➡ This is *the house* **in which** I was born.
when	때	at which on which in which	I remember *the day* **when** we first met. ➡ I remember *the day* **on which** we first met.
why	이유	for which	Do you know *the reason* **why** he is angry? ➡ Do you know *the reason* **for which** he is angry?
how	방법	in which	I want to know **how** she educates her children. ➡ I want to know **the way** she educates her children. ➡ I want to know **the way in which** she educates her children.

●●● 관계부사절이 the time, the place, the reason과 같이 일반적인 내용의 선행사를 수식할 때는 관계부사와 선행사 중 하나를 생략할 수 있다.

Nobody knows **the time when** Jesus will come again.
Nobody knows **when** Jesus will come again. (the time 생략)
Nobody knows **the time** Jesus will come again. (when 생략)

●●● 방법을 나타내는 관계부사인 how는 다른 관계부사들과는 달리, 선행사인 the way와 how를 동시에 쓰지 않으므로 주의한다.

■ 전치사+관계사   관계부사는 내용에 따라 「전치사+관계대명사(which)」로 바꿔 쓸 수 있다.

> I like ABC Mall. + I can get many interesting things **at that mall**.
>
> ➡ I like **ABC Mall** {**where** I can get many interesting things}.
> ➡ I like **ABC Mall** {**at which** I can get many interesting things}.
> ➡ I like **ABC Mall** {**which[that]** I can get many interesting things **at**}.

TIP 관계대명사(which)로 변한 명사(that mall) 앞에 있던 전치사(at)가 which를 따라 앞으로 이동한 경우(at which)에는 which를 생략하거나 that으로 바꿔 쓸 수 없다.

■ 관계부사의
   계속적 용법   관계부사 앞에 쉼표를 쓰면, 관계대명사의 계속적 용법처럼 앞 문장에 대한 '부연 설명'이 되고, 역시 '앞에서 뒤로' 순차적으로 해석한다.

계속적 용법의 관계부사	접속사+부사
I went to Guam, **where** I stayed for a month. I met her last Christmas, **when** it snowed.	I went to Guam, **and** I stayed **there** for a month. I met her last Christmas, **and** it snowed **then**.

EXERCISE

A 다음 문장의 ( ) 안에서 알맞은 것을 고르시오.

1 Tell me the reason (why, how) you missed the class.

2 Sunday is the day (where, when) we don't have class.

3 This is the fitting room (which, where) you can change your clothes.

4 Would you show me (how, why) you achieved your goal?

B 다음 두 문장이 같은 뜻이 되도록 빈칸에 알맞은 말을 쓰시오.

1 I like the shopping mall where I can window-shop.
   → I like the shopping mall _____ _____ I can window-shop.

2 Betty didn't tell us the reason why she told us a lie.
   → Betty didn't tell us the reason _____ _____ she told us a lie.

3 My family visited New York where my sister lives.
   → My family visited New York _____ my sister lives in.

C 다음 대화의 빈칸에 알맞은 말을 쓰시오.

1 A Can you teach me the way you solved the puzzle?
   B Sure. I will let you know _____ I solved it.

2 A Do you know Jim's birthday?
   B No, I don't know _____ he was born.
      Ask Mary when his birthday is.

3 A Does Susie live in that villa?
   B No, that villa is the _____ _____ her parents live.

D 다음 우리말과 같은 뜻이 되도록 빈칸에 알맞은 말을 쓰시오.

1 당신이 아이들을 교육하는 방식을 가르쳐 주세요.
   → Show me _____ _____ you educate your children.

2 나는 그 다리가 무너진 날을 똑똑히 기억하고 있다.
   → I clearly remember _____ _____ _____ the bridge collapsed.

3 여기가 나의 형제자매들이 자란 집이다.
   → This is the _____ _____ _____ my siblings grew up.

UNIT **15**

복합관계사
Compound Relatives

■ **복합관계대명사**   복합관계대명사는 관계대명사에 -ever를 붙인 형태로, whoever, whichever, whatever가 있다. 복합관계대명사는 자체에 선행사를 포함하고 있으며 명사절 또는 부사절을 이끈다.

구분	종류	해석	예문
명사절	whoever	~하는 사람은 누구든 (= anyone who)	Give it to **whoever** wants to have it. ➡ Give it to **anyone who** wants to have it.
	whichever	~하는 것은 어느 것이든 (= anything that)	Choose **whichever** you want to buy. ➡ Choose **anything that** you want to buy.
	whatever	~하는 것은 무엇이든 (= anything that)	You may wear **whatever** you prefer. ➡ You may wear **anything that** you prefer.
부사절	whoever	누가 ~할지라도 (= no matter who ~)	**Whoever** wants the seat, the tickets are sold out. ➡ **No matter who** wants the seat, the tickets are sold out.
	whichever	어떤 것을 ~할지라도 (= no matter which ~)	I'll support him **whichever** he chooses. ➡ I'll support him **no matter which** he chooses.
	whatever	무엇을 ~할지라도 (= no matter what ~)	**Whatever** she does, I love her so much. ➡ **No matter what** she does, I love her so much.

■ **복합관계부사**   복합관계부사는 관계부사에 -ever를 붙인 형태로, whenever, wherever, however가 있으며 부사절을 이끈다.

구분	종류	해석	예문
부사절	whenever	~할 때마다 (= at any time when ~)	**Whenever** you meet others, you should be kind. ➡ **At any time when** you meet others, you should be kind.
		언제 ~할지라도 (= no matter when ~)	**Whenever** I see Jennifer, she's always cheerful. ➡ **No matter when** I see Jennifer, she's always cheerful.
	wherever	~하는 곳은 어디든지 (= to any place where ~)	You may go **wherever** you want. ➡ You may go **to any place where** you want.
		어디에 ~할지라도 (= no matter where ~)	**Wherever** you are, God is always with you. ➡ **No matter where** you are, God is always with you.
	however	아무리 ~하더라도 (= no matter how ~)	**However** stressful studying is, you shouldn't give it up. ➡ **No matter how** stressful studying is, you shouldn't give it up.

TIP however 뒤에는 형용사나 부사가 온다.

A 다음 문장의 ( ) 안에서 알맞은 것을 고르시오.

1 (However, Wherever) you go, I will follow you.

2 I sweat a lot (whenever, whatever) I'm scared.

3 (Whoever, Whichever) you may choose, you'll like it.

4 (However, Whoever) hard you may try, you can't catch up with her.

B 다음 두 문장이 같은 뜻이 되도록 빈칸에 알맞은 말을 쓰시오.

1 No matter who calls, tell him that I'm sleeping.

→ _____ calls, tell him that I'm sleeping.

2 Babies usually chew anything that they hold in their hands.

→ Babies usually chew _____ they hold in their hands.

3 No matter where you are, you are representing our country.

→ _____ you are, you are representing our country.

C 다음 대화의 빈칸에 알맞은 복합관계사를 쓰시오.

1 A Who would you like to employ?

B I will employ _____ is sincere and hard-working.

2 A You look awful. What happened?

B I got fired yesterday. _____ it rains, it always pours.

A Cheer up! _____ you do, you will succeed in the future.

3 A If John apologizes first, why don't you forgive him?

B Definitely not. I won't forgive him _____ he may say.

D 다음 우리말과 같은 뜻이 되도록 빈칸에 알맞은 말을 쓰시오.

1 네가 아무리 늦더라도 나에게 꼭 전화해라.

→ _____ _____ you may be, be sure to call me.

2 그녀는 서커스를 볼 때마다 전율을 느낀다.

→ She gets a thrill _____ she sees a circus.

3 어느 쪽을 고르든지 너는 절대 실망하지 않을 것이다.

→ _____ you may choose, you'll never be disappointed.

01 다음 문장의 빈칸에 가장 알맞은 말은?

> This necklace is _____ she wants to buy.

① which   ② that   ③ what
④ whatever   ⑤ whichever

02 다음 두 문장이 같은 뜻이 되도록 할 때 빈칸에 가장 알맞은 말은?

> Do you know the reason why Mary had a quarrel with Jake?
> → Do you know the reason _____ _____ Mary had a quarrel with Jake?

① which   ② on which   ③ at which
④ for which   ⑤ in which

03 세 문장의 뜻이 같도록 빈칸에 알맞은 말을 쓰시오.

> We entered the castle. The king had lived in it.

= We entered the castle _____ the king had lived.

= We entered the castle _____ _____ the king had lived.

04 다음 중 어법상 어색한 문장은?

① It is the square where we cheered them.
② It is the way how I explain grammar.
③ I don't know the exact date when they will return.
④ Harry didn't say the reason why he skipped the class.
⑤ We visited Busan where my friend lived.

05 다음 두 문장이 같은 뜻이 되도록 할 때 빈칸에 알맞은 말을 쓰시오.

> Whatever you do, I will always be on your side.
> → _____ _____ _____ you do, I will always be on your side.

06 다음 빈칸에 알맞은 복합관계부사를 쓰시오.

> • He always brings a gift _____ he visits me.
> • _____ humble it may be, there is no place like home.

07 우리말과 같은 뜻이 되도록 빈칸에 알맞은 말을 쓰시오.

> 사람들이 그 가수를 좋아하는데, 그 가수가 매력적이기 때문이다.

→ People like the singer, _____ _____ very attractive.

08 다음 중 빈칸에 when이 들어갈 수 <u>없는</u> 것은?

① Tell me the time _____ the vacation will start.
② I remember the day _____ we first met.
③ March is the month _____ the new semester begins.
④ Sunday is the day _____ comes after Saturday.
⑤ His birthday is the day _____ our friends get together.

09 다음 문장에서 어색한 부분을 찾아 바르게 고쳐 쓰시오.

> It is the store at that I bought this hairpin.

_____ → _____

10 다음 두 문장을 한 문장으로 쓸 때 빈칸에 알맞은 한 단어를 쓰시오.

> Show me the way. She educates her children in the way.

→ Show me _____ she educates her children.

[11~12] 다음 글을 읽고 물음에 답하시오.

In ① every country, there are gestures ② whoever says "Hello." and "Goodbye." However, this does not mean that everyone in the world uses ③ exactly the same body language. We may have some of the same gestures, but different countries have different customs and different gestures. So, learning words in a new language ④ is not enough. If you want to talk to ⑤ people who use a different language, you might have to learn some new   (A) , too.

11 위 글의 밑줄 친 부분 중 어색한 것은?
①   ②   ③   ④   ⑤

12 위 글의 빈칸 (A)에 가장 알맞은 말은?
① ideas   ② sounds   ③ gestures
④ dialogues   ⑤ grammars

13 다음 글의 밑줄 친 부분 중 내용상 어색한 것은?

① Before I leave on a trip, I always prepare ② myself for the new country by reading about it. When I arrive in the country, I try to come in contact with the native people ③ who can tell me many things about the country. In addition, I try to stay with a native family ④ while I am visiting the country. In this way, I learn a lot. That is ⑤ when I discover more about the lifestyle of the people.

[14~15] 다음 글을 읽고 물음에 답하시오.

I am 25 years old and have a great job working for a very nice boss. My job is really good, but before I get too old, I want to see the world. _____ I dream of doing is taking a year off and sailing around the world alone. The problem is that my boss says he can't keep my job open for me. My father is against my plan too. What would you advise me to do?

14 위 글의 빈칸에 가장 알맞은 말은?
① That   ② Which   ③ Where
④ Why   ⑤ What

15 위 글을 쓴 목적으로 가장 알맞은 것은?
① 조언을 얻기 위해서
② 직장을 구하기 위해서
③ 친구를 소개받기 위해서
④ 회사를 홍보하기 위해서
⑤ 직장에 항의하기 위해서

다음 문장의 ( ) 안에서 알맞은 말을 고르시오.

1 This is the most exciting movie (that, which) I've ever seen.

2 I have many comic books, (that, which) I will give to you.

3 You don't have to care about (what, that) other people say.

4 I'd like to learn the way (how, in which) you lost so much weight.

5 It is the station (which, in which) I met Kelly lastly.

6 I have something (that, which) was given to me by my boyfriend.

다음 문장의 빈칸에 알맞은 관계부사를 쓰시오.

1 Next Tuesday is the day _____ we will have a dance party.

2 That is the street _____ many car accidents happen.

3 You must tell me the reason _____ you skipped the meeting.

4 Would you show me _____ you tame your animals?

다음 문장의 빈칸에 가장 알맞은 말을 고르시오.

1 _____ comes to the party, he or she will be welcome.
① Whoever   ② Whomever   ③ Whatever

2 _____ tired you are, you must take off your dirty clothes.
① Whatever   ② However   ③ Whenever

3 He speaks in a very kind voice _____ he speaks English.
① whatever   ② however   ③ whenever

4 _____ you may choose, you'll be pleased with it.
① Whoever   ② Whichever   ③ However

D 다음 두 문장이 같은 뜻이 되도록 빈칸에 알맞은 말을 쓰시오.

1 I have a clever sister, who keeps telling me lies.
→ I have a clever sister, _____ _____ keeps telling me lies.

2 Everybody envies the man, who made a fortune recently.
→ Everybody envies the man, _____ _____ made a fortune recently.

3 I stayed in New York for a week, when I didn't have time to visit you.
→ I stayed in New York for a week, _____ I didn't have time to visit you _____ .

4 Do you know the reason why she was absent?
→ Do you know the reason _____ _____ she was absent?

5 Wherever you may go, don't forget I'm always with you.
→ _____ _____ _____ you may go, don't forget I'm always with you.

6 We want whoever is confident and diligent.
→ We want _____ _____ is confident and diligent.

E 다음 중 <u>어색한</u> 부분을 바르게 고쳐 문장을 다시 쓰시오.

1 You should tell me the way how you found out the answer.
→ _____

2 This is the company in where I used to work a few years ago.
→ _____

3 March is the month when comes after February.
→ _____

F 다음 우리말과 같은 뜻이 되도록 빈칸에 알맞은 말을 쓰시오.

1 나에게는 성격이 매우 독특한 친구가 한 명 있다.
→ I have a friend _____ personality _____ very weird.

2 나의 언니는 나를 방문할 때마다 집에서 만든 과자를 가져온다.
→ My sister brings homemade cookies _____ _____ _____ _____ .

UNIT 16 명사절을 이끄는 종속접속사
Subordinating Conjunctions with Noun Clauses

명사절은 「주어+동사」라는 하나의 독립된 절이 문장 안에서 주어, 목적어, 보어 역할을 하는 것을 의미하며, '~하는 것'이라고 해석한다. 또한 명사절은 that, whether, if와 같은 종속접속사나 what이 포함된 관계사나 의문사가 이끈다. 종속접속사는 종속절을 주절에 이어주는 역할을 한다.

■ 명사절의 구조

구조	예문
{종속접속사 + S + V ~} + V ~ 　명사절(S)　　　　　문장 전체의 동사	{**Whether** she will help me or not} is uncertain. {**What** I want} is your love.
S + V + {종속접속사 + S + V} 　　　　　명사절(목적어, 보어, 진주어)	This is {**where** he was born}. Can you understand {**what** he said}?

■ 명사절을 이끄는 주요 접속사

종류	쓰임	예문
that 문장을 이끄는 접속사	주어, 진주어, 목적어, 보어, 동격	{**That** the store is open 24 hours} is certain. (주어) It is certain {**that** the store is open 24 hours}. (진주어) I know {(**that**) Joshua is an enthusiastic football fan}. (목적어) TIP 목적어를 이끄는 that은 My hope is {**that** I become a scientist}. (보어) 생략할 수 있다. I have a good plan {**that** I will share with you later}. (동격)
whether	주어, 목적어, 보어	{**Whether** you come or not} is totally up to you. (주어) I don't know {**whether** Sam will join our club or not}. (목적어) The problem is {**whether** you love me or not}. (보어)
if 간접의문문을 이끄는 접속사	목적어	I wonder {**if** I should buy the present for him}. (목적어) The child asked me {**if** I would buy a new computer for him}. (목적어)
의문사 간접의문문을 이끄는 접속사	주어, 목적어, 보어	{**When** Mike broke the vase} is very important. (주어) Do you know {**where** he will go}? (목적어) The question is {**where** we should go}. (보어)
관계대명사 what, 복합관계사	주어, 목적어, 보어	{**Whoever** cheats on the exam} should be punished. (주어) I don't understand {**what** my mother said to me}. (목적어) This is {**what** I want}. (보어)

●●● 주의해야 할 접속사의 쓰임
　1. that
　　① that절이 주어 역할을 하는 경우, that절을 문장 맨 뒤로 보내고 주어 자리에 가주어 it을 쓴다.
　　② that절이 목적어 역할을 하는 경우, 접속사 that은 생략이 가능하다.
　2. if(~인지 아닌지)절은 타동사의 목적어절만 이끈다. 즉, 전치사의 목적어나 문두의 주어로 if절을 쓰지 않는다. 또한 if절 뒤에 or not을 쓸 수 없다.
　3. whether(~인지 아닌지)절은 주어, 목적어, 보어절을 이끈다.
　4. 의문사가 있는 의문문이 문장 안으로 들어와 간접의문이 되면 「의문사 + 주어 + 동사」의 어순이 되고, 의문사가 없는 의문문은 「if(whether) + 주어 + 동사」의 어순이 된다.

A 다음 문장의 ( ) 안에서 알맞은 것을 고르시오.

1 The truth is (that, what) you are not qualified.

2 I wonder (whether, if) they are relatives of Mr. Carter or not.

3 (That, What) I'm so curious about is the secret of your beauty.

4 Could you let me know (when will you, when you will) leave?

B 다음 두 문장을 접속사를 사용하여 한 문장으로 바꿔 쓰시오.

1 Mike is suffering from cancer. + I know it.

→ _____

2 I asked Mom. + May I go to the movies?

→ _____

3 Bill wants to know. + What will they say about his plan?

→ _____

C 다음 대화의 빈칸에 알맞은 말을 쓰시오.

1 A In my opinion, they are lying to us.
  B Yes, it is certain _____ we cannot believe them.

2 A Will you go to Jane's wedding next Sunday?
  B Well, I'm not sure _____ I can go.

3 A Have you ever cheated on an exam?
  B I won't tell you _____ _____ _____ _____
   on an exam.

D 다음 우리말과 같은 뜻이 되도록 빈칸에 알맞은 말을 쓰시오.

1 그들이 시험에 낙방했다는 소문은 사실일 리가 없다.
  → The rumor _____ they failed the exam _____ _____
   _____.

2 아이들이 그들의 부모님께 복종하는 것은 당연하다.
  → _____ is natural _____ children _____ _____ their
   parents.

3 네가 그 제안을 받아들일지 아닐지는 나에게 전혀 문제가 되지 않는다.
  → _____ you will accept the offer _____ _____ doesn't
   matter to me.

UNIT **17** 부사절을 이끄는 종속접속사
Subordinating Conjunctions with
Adverbial Clauses

부사절은 문장 안에서 다양한 부사의 역할을 하는 종속절로써 시간, 장소, 원인과 이유, 목적, 결과, 조건, 양보 등의 의미를 나타낸다.

■ 부사절의 구조

{종속접속사 + S + V ~} , + S + V ~
부사절   주절(문장 전체의 주어 + 동사)

S + V + {종속접속사 + S + V}
주절   부사절(시간, 장소, 원인과 이유, 목적, 결과, 조건, 양보)

■ 시간 · 이유 · 조건 부사절

종류	쓰임	예문
시간	when (~할 때) as (~할 때) while (~하는 동안) until/till (~할 때까지) since (~ 이후로) as soon as (~하자마자)	{**When** Jane goes out}, she always locks the front door. One good idea struck me {**as** I was driving alone}. It's impolite to talk {**while** you're eating}. I won't move a step {**until[till]** he promises to marry me}. Ten years have passed {**since** my grandfather died}. I found this job {**as soon as** I left my school}.
이유	because (~ 때문에) for (~ 때문에) as (~ 때문에) since (~ 때문에) now that (~ 때문에)	Don't despise a man only {**because** he is poorly dressed}. TIP for 접속사 **for**는 앞 내용에 대한 판단의 근거나 부가적 이유를 설명하는 것으로, 문장 맨 앞에 쓸 수 없다. It must have rained a lot lately {**for** the stream is that high}. {**As** we were thirsty}, we wanted cold water. {**Since** the road is so slippery}, you should be careful. {**Now that** you are an adult}, you must act responsibly.
조건	if (만약 ~라면) unless = if ~ not (만약 ~ 아니라면) in case that (~인 경우) as[so] far as (~하는 한) as[so] long as (~하는 한)	I'll go to Jeju {**if** I can get an airline ticket}. {**Unless** you take this opportunity}, you'll regret it soon. ➡ {**If** you **don't** take this opportunity}, you'll regret it soon. Kathy brings a first-aid kit {**in case that** an emergency comes up}. {**As far as** I know}, she doesn't like him. You can bring your children {**so long as** they are quiet}. • first-aid kit 응급구조상자

■ 목적 · 결과 · 양보 · 양태 · 장소 부사절

종류	쓰임	예문
목적	so that (~하기 위해서) in order that (~하기 위해서)	He called me {**so that** I wouldn't forget to turn off the light}. I went to bed early {**in order that** I wouldn't be late for school}.
결과	so ~ that (너무 ~해서 …하다) such ~ that (너무 ~해서 …하다)	It was **so** freezing {**that** I couldn't stay there any more}. His films always have **such** unexpected endings {**that** you should watch them to the end}.
양보	(even) though (비록 ~일지라도) 형용사 + as (비록 ~일지라도)	{**Though** she was very sick}, she took the test. {**Young as** Tom is}, he has already learned four different languages.
양태	as (~와 같이)	Do {**as** the Romans do} in Rome. TIP **as**는 양보(~이지만), 시간(~할 때), 이유(~이므로), 비교(~만큼), 양태(~와 같이), 비례(~함에 따라)의 뜻이 있다.
장소	where(ver) (어디든지)	I will also go {**wherever** you go}.

EXERCISE

A 다음 문장의 ( ) 안에서 알맞은 것을 고르시오.

1 (While, Till) he was in Tokyo, he had several part-time jobs.

2 Janice failed the job interview (because, though) she practiced hard.

3 (If, Unless) you keep quiet, you will be expelled from the library.

4 You must take care of yourself (so that, now that) you're an adult.

B 다음 두 문장이 같은 뜻이 되도록 빈칸에 알맞은 말을 쓰시오.

1 Unless Mariah quits smoking, she'll get a serious disease.

→ If Mariah _____ _____ smoking, she'll get a serious disease.

2 Brad is very young, but his potential is limitless.

→ Young _____ _____ _____, his potential is limitless.

3 I will do my best to make my dreams come true.

→ I will do my best _____ _____ I can make my dreams come true.

C 다음 대화의 빈칸에 알맞은 접속사를 쓰시오.

1 A What should I do first?

B Just watch others carefully. Do exactly _____ they do.

2 A Do you know why Judy is popular?

B Because she is _____ humorous _____ she makes people laugh.

3 A Why are you studying so hard?

B I'm studying _____ _____ I can be the best expert in my field.

D 다음 우리말과 같은 뜻이 되도록 빈칸에 알맞은 말을 쓰시오.

1 내가 아는 한, Tony와 Jane은 친구가 아니다.

→ _____ _____ _____ I know, Tony and Jane aren't friends.

2 Amanda는 너무나 활발한 소녀여서 모두가 그녀를 좋아한다.

→ Amanda is _____ a cheerful girl _____ everybody likes her.

3 Seth는 출근하자마자 컴퓨터를 켰다.

→ _____ _____ _____ Seth got to work, he turned on his computer.

UNIT **18** 상관접속사
Correlative Conjunctions

■ 상관접속사   상관접속사는 두 어구가 짝을 이루어 하나의 의미 단위를 만들어 내는 것으로, 다음 문장에서 A와 B에 해당하는 어구는 품사와 형태가 같은 것이어야 한다.

종류	예문
both A and B (A와 B 둘 다)	She can speak **both** English **and** Japanese. Put **both** a potato **and** an onion into a bowl.
not only A but also B (A뿐만 아니라 B도) =B as well as A	You are **not only** wise **but also** pretty. ➡ You are pretty **as well as** wise. We love **not only** swimming **but also** skiing. ➡ We love skiing **as well as** swimming.
not A but B (A가 아니라 B)	This is **not** a mouse **but** a hamster. What I want to buy is **not** this small red bag **but** that big colorful bag.
either A or B (A 또는 B)	You may drink **either** coffee **or** juice. You have to choose **either** this **or** that. You can't have both of them.
neither A nor B (A도 B도 아니다)	I like **neither** summer **nor** winter. Who I love is **neither** John **nor** Paul.

TIP 등위접속사
and, or, but, for, so, nor 등

■ 상관접속사의   상관접속사들이 문장의 주어 역할을 할 때는 동사의 수를 어디에 일치시킬 것인지 잘 알아두어야 한다.
   수의 일치

종류	동사	예문
both A and B	복수 동사	**Both** *you* **and** *Rachel* **have** the same problem. **Both** *Jane* **and** *John* **love** each other.
A or B	B에 일치	John **or** *you* **are** to go. You **or** *Kane* **was** due to do it.
not A but B		**Not** Mr. Brown **but** *his sons* **are** to go there. **Not** Peter **but** *I* **am** aware of Ms. Lee.
either A or B		**Either** you **or** *Tom* **has** to cook. **Either** Betty **or** *you* **are** to guide the foreigner.
neither A nor B		**Neither** Tom **nor** *she* **is** responsible for the accident. **Neither** you **nor** *I* **am** good at swimming.
not only A but also B = B as well as A		**Not only** I **but also** *you* **are** to be blamed. **Not only** Leo **but also** *I* **am** very tired nowadays. *Jane* **as well as** her parents **is** going to Japan. *I* **as well as** George **am** fond of tennis.

EXERCISE

A 다음 문장의 ( ) 안에서 알맞은 것을 고르시오.

1 Bill as well as you (is, are) responsible for it.

2 Neither I nor my sister (drive, drives) a car.

3 Not only Sam but also I (don't, doesn't) have to go there.

4 Both Charles and I (want, wants) to have a day off.

B 다음 두 문장이 같은 뜻이 되도록 빈칸에 알맞은 말을 쓰시오.

1 Jason is well-mannered as well as handsome.

→ Jason is _____ _____ handsome _____ _____ well-mannered.

2 Dad didn't stop drinking, and my brother didn't stop, either.

→ _____ Dad nor my brother _____ drinking.

3 Larry is interested in helping the poor. His friend is interested in it, too.

→ _____ Larry _____ his friend _____ interested in helping the poor.

C 다음 대화의 빈칸에 알맞은 말을 쓰시오.

1 A Who will take part in the meeting?
   B _____ you or your boss has to participate in.

2 A What languages can Clare speak?
   B She can speak not only English _____ _____ French.

3 A I think he is the worst man I have ever met.
   B I think so, too. He is _____ kind _____ smart.

D 다음 우리말과 같은 뜻이 되도록 빈칸에 알맞은 말을 쓰시오.

1 나는 개도 고양이도 좋아하지 않아.

→ I like _____ dogs _____ cats.

2 Cindy는 키도 크고 예쁘다.

→ Cindy is _____ tall _____ pretty.

3 Kate가 아니라 내가 내일 뉴욕에 갈 거야.

→ _____ Kate _____ I _____ going to New York tomorrow.

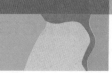

01 다음 문장의 빈칸에 알맞은 말은?

> Neither you nor she _____ to be blamed for the incident.

① be   ② am   ③ are
④ is   ⑤ being

02 다음 빈칸에 알맞은 be동사의 현재형을 쓰시오.

> Not only you but also he _____ responsible for the bag.

03 다음 두 문장이 같은 뜻이 되도록 빈칸에 알맞은 말을 쓰시오.

> She is not only beautiful but also kind.

→ She is kind _____ _____
_____ .

04 다음 우리말과 같은 뜻이 되도록 빈칸에 알맞은 말을 쓰시오.

> 저 소녀는 너무나 신중해서 거의 실수하지 않는다.

→ That girl is _____ careful _____ she hardly makes mistakes.

05 다음 중 밑줄 친 부분이 어법상 어색한 것은?

① Everybody <u>was</u> waiting for us.
② Either you or Sarah <u>has</u> to go.
③ Both Mom and I <u>are</u> in good health.
④ You as well as I <u>am</u> in charge of the team.
⑤ Not only she but also I <u>hope</u> to get out.

06 다음 문장의 빈칸에 as가 들어갈 수 <u>없는</u> 것은?

① Poor _____ Tom is, he is always cheerful.
② I saw a ghost _____ I was driving alone.
③ We hurried home _____ it was getting dark.
④ Ten years have passed _____ Father died.
⑤ When in Rome, do _____ the Romans do.

07 다음 문장의 밑줄 친 부분과 바꿔 쓸 수 있는 것은?

> <u>Since</u> you are old enough, you should learn to live for yourself.

① In case   ② So that
③ Now that   ④ As long as
⑤ In order that

08 다음 두 문장의 빈칸에 공통으로 알맞은 말을 고르시오.

> • I will be very happy _____ I can lose weight.
> • Everybody wonders _____ she will come back as an entertainer.

① unless   ② if   ③ what
④ that   ⑤ while

09 다음 중 밑줄 친 부분의 성격이 <u>다른</u> 하나는?

① This is <u>what</u> I want.
② I'm not sure <u>whether</u> the shopping mall is open 24 hours or not.
③ <u>That</u> Mike broke the vase is true.
④ One good idea struck me <u>as</u> I was driving.
⑤ I wonder <u>if</u> I can help him.

10 다음 중 밑줄 친 that의 쓰임이 다른 하나는?

① Do you remember that our teacher said so?
② I know that she is under the weather.
③ It is true that they made an awful mistake.
④ He is the young man that loves her.
⑤ My point is that we shouldn't take too much risk.

11 다음 중 밑줄 친 부분이 어법상 어색한 것은?

A boy ① put his hand into a jar full of candies. He held as many as he could, but ② when he tried to pull out his hand, he failed to do so ③ because of the slim neck of the jar. He ④ could either get the candies nor pull out his hand. He burst into tears. A man passing by said to him, "⑤ If you hold half of the candies, you can draw out your hand."

12 다음 중 밑줄 친 부분이 어법상 어색한 것은?

Many years ago, a doctor in California studied ① the way babies cry. The doctor believed, ② as many doctors do today, ③ that each kind of cry means something different. A cry that lasts only a second means the baby is hungry. ④ If the baby is in pain, the cry lasts two or three seconds and is louder. A cry like the sound of a kitten means ⑤ when the baby is happy.

13 다음 (A)와 (B)에 들어갈 말이 바르게 짝지어진 것은?

Henry looked down at his feet and saw something so funny that he almost *held his sides with laughter. He was wearing two different shoes — and they were not even the same color. "I dressed in a hurry   (A)   I was late for work," he exclaimed   (B)   he could talk.

* hold one's sides with laughter 포복절도하다

① if – while
② though – as soon as
③ though – while
④ unless – as soon as
⑤ since – as soon as

[14~15] 다음 글을 읽고 물음에 답하시오.

① When I went to see *Carmen*, I sat in front of a man ② who didn't enjoy the opera. He couldn't sleep ③ though it was too noisy. Every now and then I heard a deep sigh from behind, followed by a 'Shhh' from the man's partner. In the final scene, ④ as Carmen was killed by her lover, the man shouted, "Well, ⑤ if he hadn't killed her, I would have killed her! I will never see this kind of opera again."

14 위 글의 밑줄 친 부분 중 흐름상 어색한 것은?

15 위 글의 글쓴이의 심경으로 가장 알맞은 것은?

① 평온하다   ② 무섭다   ③ 쓸쓸하다
④ 황당하다   ⑤ 무관심하다

다음 문장의 ( ) 안에서 알맞은 말을 고르시오.

1 My point is (that, what) we should find a new leader.

2 (If, Unless) you quit smoking, you will get lung cancer.

3 I wonder (if, whether) it will clear up tomorrow or not.

4 (So that, Now that) you are a grown-up, you should move out.

5 (Since, Though) the road is very slippery, you should be really careful.

다음 문장의 빈칸에 알맞은 말을 쓰시오.

1 Either you _____ I have to substitute his position.

2 Not only you _____ _____ my mom is worried about the result.

3 I couldn't achieve my goal _____ _____ I really tried very hard.

4 _____ you and I will have to participate in the championship.

다음 문장의 빈칸에 가장 알맞은 말을 고르시오.

1 It is certain _____ the idea wasn't approved right away.
   ① that   ② what   ③ whether

2 Frankly speaking, I'm not sure _____ he can carry out such work.
   ① as   ② what   ③ if

3 Can you tell me _____ the day after tomorrow?
   ① when you return   ② when you will return   ③ when will you return

4 _____ applicants is increasing every year.
   ① Many   ② A number of   ③ The number of

5 He is _____ man that nobody trusts him.
   ① such dishonest   ② so dishonest   ③ such a dishonest

D 다음 두 문장을 접속사를 사용하여 한 문장으로 연결하시오.

1 Harry wasn't telling the truth. I knew it.

→ _____

2 Can you tell me? Where did you go at that time?

→ _____

3 I don't know. Will Betty give me a present or not?

→ _____

E 다음 두 문장이 같은 뜻이 되도록 빈칸에 알맞은 말을 쓰시오.

1 My mother speaks Japanese as well as English.

→ My mother speaks _____ _____ English _____ _____ Japanese.

2 Unless Judy gets up now, she will be scolded by her teacher.

→ If _____ _____ _____ up now, she will be scolded by her teacher.

3 Mary took part in the show to find Mr. Right.

→ Mary took part in the show _____ _____ _____ might find Mr. Right.

4 Mary didn't stop talking, and Jane didn't stop it, either.

→ _____ Mary nor Jane _____ talking.

F 다음 우리말과 같은 뜻이 되도록 빈칸에 가장 알맞은 말을 고르시오.

1 네가 무언가를 먹는 동안 말하는 것은 무례하다.

→ It's impolite to talk _____ you're eating something.

① when   ② while   ③ during

2 너희들이 조용히 하는 한 이 방에서 머물러도 좋다.

→ You may stay in this room _____ you keep quiet.

① as soon as   ② as long as   ③ as much as

3 그가 돌아올 때까지 나는 한 발자국도 움직이지 않을 거야.

→ I won't move a step _____ he comes back.

① as   ② while   ③ until

01 다음 두 문장이 같은 뜻이 되도록 할 때 빈칸에 가장 알맞은 말은?

> I'm sure that Terry lost a lot of weight lately.
> → Terry _____ have lost a lot of weight lately.

① must ② should ③ need
④ cannot ⑤ ought to

02 다음 중 어법상 <u>어색한</u> 문장은?

① I would rather die than live with him.
② You ought to keep the public rules.
③ He insisted that he do it himself.
④ We are used to live for ourselves.
⑤ My parents might be very disappointed.

03 다음 두 문장의 뜻이 같도록 빈칸에 알맞은 말을 쓰시오.

> Once I was fond of taking pictures, but now I am not.

→ I _____ _____ _____ fond of taking pictures.

04 다음 대화의 빈칸에 가장 알맞은 말은?

> A Sam, are you all right now?
> B I think so. I wish I had gone to the show with you. How was the concert?
> A Fantastic! You _____ have seen it.

① must ② cannot ③ may
④ should ⑤ couldn't

05 다음 우리말을 영어로 옮길 때 빈칸에 알맞은 말은?

> 너는 너의 능력을 자랑하지 않는 것이 좋겠어.
> → You _____ show off your ability.

① would rather ② must not
③ had better not ④ had not better
⑤ ought to not

06 다음 문장의 빈칸에 공통으로 알맞은 말은?

> · You are the only person _____ I truly admire.
> · This is the same cell phone _____ Dad bought for me.

① who ② which ③ that
④ what ⑤ whose

07 다음 중 어법상 <u>어색한</u> 문장은?

① Spring is the season when school begins.
② This is the way how he persuades others.
③ That is the bridge where many accidents happen.
④ Tell me the reason why they had a big fight.
⑤ It is the house in which Shakespeare was born.

08 다음 우리말과 같은 뜻이 되도록 빈칸에 알맞은 말을 쓰시오.

> 저기가 내가 항상 신발을 구입하는 상점이다.

→ That is the store _____ I always buy my shoes.

→ That is the store _____ _____ I always buy my shoes.

09 다음 중 빈칸에 where가 들어갈 수 없는 것은?

① That is the factory _____ computers are produced.

② I don't remember the place _____ I put my keys.

③ I went downtown, _____ I lost my pocket money.

④ We want to live in a country _____ it snows a lot.

⑤ This is the building _____ is the oldest in the town.

10 다음 중 밑줄 친 부분을 잘못 풀어 쓴 것은?

① Whichever you may choose, you'll be pleased. (No matter which)

② I can meet you whenever you like. (at anytime when)

③ However skillful he is, he must pass a test. (No matter how)

④ Whoever says such a thing must be a liar. (No matter who)

⑤ I will do whatever you tell me to do. (anything that)

11 다음 중 나머지 네 문장과 의미가 다른 하나는?

① He is young, but he is good at calculating.

② Though he is young, he is good at calculating.

③ Young as he is, he is good at calculating.

④ Now that he is young, he is good at calculating.

⑤ Even though he is young, he is good at calculating.

12 다음 밑줄 친 부분 중 어법상 어색한 것은?

① Each student has his or her own locker.

② Neither you nor she is responsible.

③ He as well as I am so satisfied.

④ Both Tom and Mary agree with me.

⑤ Not only you but also Susan knows it.

13 다음 세 문장이 같은 뜻이 되도록 빈칸에 알맞은 말을 쓰시오.

> Nicole is a very wise girl, so everybody loves her.

→ Nicole is so _____.

→ Nicole is such _____.

14 다음 중 밑줄 친 부분의 쓰임이 다른 하나는?

① I'm sure that he will achieve his goal.

② Did you hear that Matt proposed to Beth?

③ You are the girl that I really love.

④ We know that they are getting married.

⑤ Jessy said that he applied for the job.

15 다음 두 문장이 같은 뜻이 되도록 할 때 빈칸에 알맞은 말은?

> Sarah practiced hard in order to win the prize in the piano contest.
> → Sarah practiced hard _____ she could win the prize in the piano contest.

① now that ② so that

③ as far as ④ such that

⑤ as soon as

16 다음 (A)와 (B)에 들어갈 말이 바르게 짝지어진 것은?

One of the special days is Halloween. It falls on October 31 every year. __(A)__ they doubt it or not, it is a day of fun for kids. Some children dress up in costumes of witches and put on masks. Children go door to door. At each door they shout "Trick or treat!" The people __(B)__ live there give them a treat, usually candy.

① If – who   ② Whether – who
③ If – what   ④ Whether – what
⑤ Whether – which

[17~18] 다음 글을 읽고 물음에 답하시오.

Galileo studied how things fall. He was the first person _____ did experiments about the fall. People thought heavy things always fell faster than light things. He found out _____ this was not true. He took a heavy ball and a light ball and dropped them both from a high place. They fell at the same speed. This meant _____ weight is not important. This is the law of falling bodies.

17 위 글의 빈칸에 공통으로 가장 알맞은 말은?

① that   ② what   ③ which
④ when   ⑤ though

18 위 글의 제목으로 가장 알맞은 것은?

① Galileo's Life and Work
② Galileo's Love
③ Galileo's Problems with People
④ Galileo's Study of How Things Fall
⑤ Why People Loved Galileo's Idea

[19~20] 다음 글을 읽고 물음에 답하시오.

One day a stranger came by and said, "Travel on foot from sunrise to sunset and mark the land ① as you go. I can give you all of it for only 300 roubles. But you'll lose both the land ② or the money unless you come back before sunset."

A farmer agreed. He walked and ran all morning ③ so that he might get as much land as possible. On the return trip, he was very tired, but couldn't rest. He had to run ④ in order to get back before sunset. He ⑤ could arrive in time. But he was out of breath and fell down and died.

19 위 글의 밑줄 친 부분 중 어법상 어색한 것은?

①   ②   ③   ④   ⑤

20 위 글이 주는 교훈으로 가장 알맞은 것은?

① 항상 최선을 다하자.
② 약속을 어기지 마라.
③ 서두르면 일을 그르친다.
④ 지나친 욕심은 화를 부른다.
⑤ 오늘 할 일을 내일로 미루지 마라.

WRITING  TIME

A Rewrite the two sentences into one using suitable conjunctions.

1 Some people wanted a new boss. I know it.

➔ I know _____ .

2 Betty couldn't come to school. She was ill in bed with the flu.

➔ Betty couldn't come to school _____ .

3 The trousers didn't fit me. I had lost a lot of weight.

➔ _____ , the trousers didn't fit me.

B Rewrite the two sentences into one using suitable relatives.

1 This is the university. I majored in English in the university.

➔ _____

2 That is not the reason. I couldn't attend for the reason.

➔ _____

3 Please tell me the way. You memorize English words in the way.

➔ _____

C 다음 빈칸에 들어갈 표현을 〈보기〉에서 골라 쓰시오 (단, 괄호 안에 알맞은 접속사를 쓸 것)

<보기>
- (_____) I want to keep in shape
- (_____) she has changed a lot
- (_____) I was walking down the street
- (_____) she had exercised regularly

  I heard someone call my name _____ . That was one of my old friends from school, Kathy. I didn't recognize her at first _____ . She was a little fat back then, but she's a very attractive woman now. I asked her _____ . She advised me to jog for thirty minutes every morning _____ .

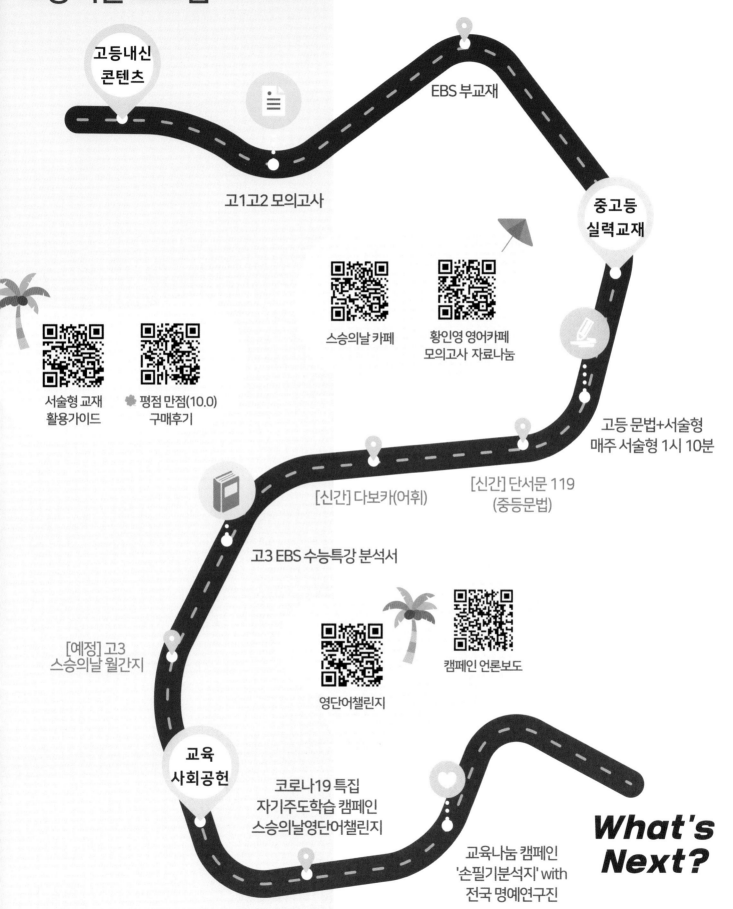

> 스승의날 로드맵
스승의날 출판사에 대해 더 궁금하시다면, QR코드를 스캔해보세요.

고등내신 콘텐츠

EBS 부교재

고1고2 모의고사

중고등 실력교재

스승의날 카페

황인영 영어카페 모의고사 자료나눔

서술형 교재 활용가이드

평점 만점(10.0) 구매후기

고등 문법+서술형 매주 서술형 1시 10분

[신간] 다보카(어휘)

[신간] 단서문 119 (중등문법)

고3 EBS 수능특강 분석서

[예정] 고3 스승의날 월간지

영단어챌린지

캠페인 언론보도

교육 사회공헌

코로나19 특집 자기주도학습 캠페인 스승의날영단어챌린지

교육나눔 캠페인 '손필기분석지' with 전국 명예연구진

What's Next?

>스승의날 이용후기

전국 각지의 원장님, 선생님으로 이루어진 탄탄한 인지도,
스승의날 자료의 후기를 참고하세요. ☆☆☆☆☆

·반OO 강사 (ys******@naver.com)
선생님 관점에서 고민하고 분석하는 부분을 공감하며 연구할 수 있어서 좋네요.

·조OO 강사 (he******@naver.com)
아이들에게 스스로 주제문을 만들게 하고 난 후, 비교분석 할 수 있는 자료 중 최고입니다!

·박OO 강사 (yu*********@naver.com)
손필기로 분석되어있는 지문, 그리고 개요, 주제문 요약까지 수업할 때 필요한 부분들이
다 있어서 매우 유용했습니다. 제가 직접 만드는 시간을 많이 덜어낼 수 있더라고요.
수업 준비에 시간 투자가 많은 편인데, 바로 수업에 활용할 수 있을 정도로 고퀄리티 였어요.

·안OO 학생 (an*********@naver.com)
다른 여타 변형문제들의 서술형과는 달리 '진짜 시험에서 보는' 서술형 문제들이 있었고
그 퀄리티가 매우 뛰어 나서 가장 도움이 되었다.

·이OO 학생 (us******@naver.com)
영어학원에 익숙해져 있다가 혼자 분석하려니 어디가 중요한지 잘 모르겠어서 힘들었는데,
손필기 되어 있는 것 보고 추가적으로 찾아가면서 하면 중요한 문장이 눈에 보이더라고요!

·강OO 학생 (ka**********@naver.com)
분석 자료가 시중에 별로 없는데 스승의날 손필기 분석지는 정말 꼼꼼하고 깔끔하게 분석이 돼있고,
선생님들이 설명하는 건 거의 다 적혀있어서 공부할 때 너무 좋다.

·이OO 학생 (sh******@gmail.com)
어휘선택이 많이 부족했었는데, 선생님께서 자료를 추천해주시고 뽑아주셔서 시험을 잘 본 기억이 있습니다.
스승의날 자료가 정말 도움이 많이 됐습니다.

·최OO 강사 (ww****@naver.com)
이런 자료가 필요했는데 그동안은 없었던 게 아쉬웠어요!
특히 아이들에게 늘 지문을 3줄로 요약하도록 지도했었는데, 개요도를 이용하니 편리하고 도움이 많이 됩니다.

·임OO 강사 (li****@gmail.com)
학원에 있는 1-2등급 학생들이 목말라 하는 자료가 딱 스승의날 시뮬레이션에서 나오는 요약문 스타일이에요.

·장OO 원장 (ur****@naver.com)
어법, 어휘 문제를 풀면서 동시에 개요도를 통해 문단 구조와 내용을 정리할 수 있어서 너무 좋습니다.

·박OO 원장 (hi********@hotmail.com)
우연히 황인영 영어카페에서 자료를 봤는데 정말 획기적이네요.
천편일률적으로 만들어진 자료들과 달랐습니다.

·안OO 원장 (sm*****@naver.com)
내신 시험에서 내용을 잘 알아야 풀 수 있는 문제들과 요약 문제들의 갯수가 늘어나는 경향이 있어
스승의날 자료로 도움 받고 있습니다.

·백OO 원장 (li*****@naver.com)
아이들에게 직접 개요도를 적도록 시켰었는데 시간도 오래걸리고 어려워하는 아이들도 있었어요.
스승의날 자료가 너무 유용합니다^^

119개 개념으로 완성하는 중고등 영어문법서

단서문 119 3A

단권화

서술형

떠먹

답지

스승의날 스승의날
Teachers Day Publisher

> EBS 수능특강 영어 분석서
(고3 내신용/기타 실력용)

EBS 수능특강 영어 「1시 10분」(2023학년도)
2024학년도 버전 출시 준비 중입니다.

" 11월 수능날, 그 날의 1시 10분,
그 1시간 10분을 너의 것으로 "

**> 2023학년도 첫 출시,
예약판매 일주일 만에
베스트셀러 등극!**

QR코드를 스캔하여
관련 기사를 확인하세요!

> 수특영어 1시 10분 콘텐츠
(교재구성은 달라질 수 있습니다)

> 1단계 : 손필기분석지 ★
> 2단계 : 컴팩트
> 3단계 : 손바닥개요도 ★
> 4단계 : 배열 변형문제
> 5단계 : 어법 변형문제
> 6단계 : 서술형 변형문제

수만휘 고3들에게 BEST 내신자료,
스승의날 손바닥개요도의 인기!

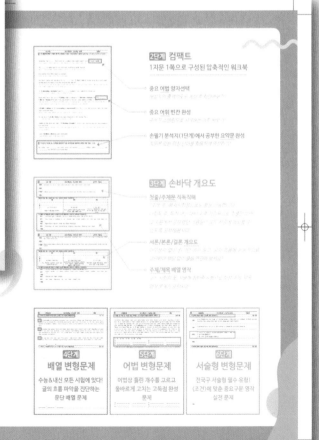

2단계 컴팩트
1지문 1쪽으로 구성된 압축적인 워크북

· 중요 어법 양자선택
· 중요 어휘 빈칸 완성
· 손필기 분석지(1단계)에서 공부한 요약문 완성

3단계 손바닥 개요도

· 첫줄/주제문 직독직해
· 사론/본론/결론 개요도
· 주제/제목 배열 영작

단계별 미리보기

1단계 손필기 분석지

· 주제문 표시
· 중요구문 표시
· 주어(S)/동사(V)/절(()) 구조 분석
· 중요 어법 출제 포인트
· 중요 유의어/반의어/혼동어휘
· 지문 내 핵심 어휘를 활용한 요약문
· 서론/본론/결론 개요도
· 한글과 영어로 익히는 주제/제목

**4단계
배열 변형문제**

수능&내신 모든 시험에 잇다!
글의 흐름 파악을 진단하는
문단 배열 문제

**5단계
어법 변형문제**

어법상 틀린 개수를 고르고
올바르게 고치는 고득점 완성
문제

**6단계
서술형 변형문제**

전국구 서술형 필수 유형!
(조건)에 맞춘 중요구문 영작
실전 문제

119개 개념으로 완성하는 중고등 영어문법서

단서문 119 3A

단권화 서술형 문법

ISL에듀 문제은행 프로그램 연계
· 풍부한 문항 개수
· 유사문제 자동출제

YouTube
무료강의
서술형은스승의날

스승의날
Teachers Day Publisher

A 다음 문장의 ( ) 안에서 알맞은 말을 고르시오.

1 Dad always (goes ✓, went) to bed at eleven o'clock.

2 Water (boils ✓, boiled) at 100˚C.

3 I don't know if she (joins, will join ✓) our club.

4 Joseon (was ✓, had been) established in 1392.

해석 1. 아빠는 항상 11시에 잠자리에 드신다. 2. 물은 섭씨 100도에서 끓는다. 3. 나는 그녀가 우리 클럽에 참여할지 모르겠어. 4. 조선은 1392년에 세워졌다.

B 다음 밑줄 친 부분을 지시대로 바꿔 문장을 다시 쓰시오.

1 Tom has his hair cut once a month this year. (that year로 바꾸어서)
→ _____ Tom had his hair cut once a month that year. _____

2 People believe that the earth is round. (believed로 바꾸어서)
→ _____ People believed that the earth is round. _____

3 Mr. Baker is due to meet Sarah this afternoon. (will로 바꾸어서)
→ _____ Mr. Baker will meet Sarah this afternoon. _____

해석 1. 올해 Tom은 대개 한 달에 한 번 머리를 깎는다. 2. 사람들은 지구가 둥글다고 믿는다. 3. Baker 씨는 오늘 오후에 Sarah를 만나기로 되어 있다.

C 다음 대화의 빈칸에 주어진 말을 사용하여 알맞은 형태로 쓰시오.

1 A I heard that your school festival is coming soon.
B Yeah, I'm looking forward to it.
A When is the festival?
B It _____ begins _____ on June 1st and _____ ends _____ on June 5th. (begin, end)

A: 나는 너희 학교 축제가 곧 시작된다고 들었어.
B: 응, 나는 축제를 고대하고 있어.
A: 축제가 언제인데?
B: 6월 1일에서 시작해서 6월 5일에 끝나.

2 A I'm waiting for the principal.
Do you know when he _____ will _____ return _____? (return)
B He _____ said _____ he would be back in an hour. (say)
A Could you let me know if he _____ comes _____? (come)
B Sure. Don't worry about it.

A: 나는 원장님을 기다리고 있어요. 그분이 언제 돌아오는지 알아요?
B: 1시간 뒤에 돌아온다고 말씀하셨어요.
A: 원장님이 오시면 알려 주시겠어요?
B: 물론이죠. 걱정하지 마세요.

D 다음 우리말과 같은 뜻이 되도록 주어진 말을 사용하여 영어로 쓰시오.

1 만약 내일 비가 오면 야구 게임이 연기될 것이다. (rain, baseball game, postpone)
→ If it _____ rains tomorrow, the baseball game will be postponed _____ .

2 나는 초등학생이었을 때 항상 8시에 집에서 출발했다.
(leave home, when, elementary student)
→ I always _____ left home at eight o'clock when I was an elementary student _____ .

3 그 의사가 오늘 저녁에 우리 집으로 올 것이다. (coming to, evening)
→ The doctor _____ is coming to my house this evening _____ .

A
1 현재의 반복적인 습관은 현재 타낸다.
2 보편적 사실이나 진리는 현재 타낸다.
 • boil 끓다
3 if가 조건이 아닌 명사절을 이[ ]는 미래 시제를 쓴다.
 • join 함께 하다
4 역사적 사실은 과거로 쓴다.
 • establish 설립하다, 수립하

B
1 과거의 습관은 과거 시제로 [ ]다.
2 불변의 진리는 시제 일치의 [ ] 받지 않고 항상 현재로 쓴다.
3 be due to는 '~하기로 되어 [ ]는 뜻으로 미래를 표현할 수 있[ ]

C
1 확정된 미래를 나타내는 경우, 형으로 나타내기도 한다.
 • festival 축제
 • look forward to ~을 고대
2 if절이나 when절이 명사절일 미래 시제를 쓰고, 부사절인 경 현재 시제가 미래를 대신한다.
 he would be back in an h 에 would가 오므로, 주절의 는 과거가 되어야 한다.
 • principal 우두머리, 회장, [ ]
 • be back 돌아오다

D
1 조건절은 현재 시제가 미래[ ] 한다.
2 과거의 규칙적인 습관은 과거[ ]로 나타낸다.
3 come, go 등의 동사는 미래[ ] 타내는 어구와 함께 쓰여 현재[ ]형으로 계획된 미래를 나타낸[ ]

EXERCISE

A 다음 문장의 ( ) 안에서 알맞은 말을 고르시오.

1 Jacob (lived, has lived ✓) in this town since he was born.

2 Mom (had been ✓, have been) cleaning the house when I came back home.

3 The reporter (interviewed, has interviewed ✓) our teacher yesterday.

4 Cindy (will have read ✓, has read) the book 10 times if she reads it one more time.

해석 1. Jacob은 그가 태어난 이후부터 이 마을에 살았다. 2. 엄마는 내가 집에 돌아왔을 때 집을 청소하고 계셨다. 3. 기자는 어제 우리 선생님을 인터뷰했다. 4. Cindy가 그 책을 한 번 더 읽는다면 10번을 읽게 될 것이다.

A

1 태어난 이후로 계속 살아왔다는 의미가 되려면 현재완료가 필요하다.
· be born 태어나다
2 과거 이전의 일이므로 현재완료진행이 아닌 과거완료진행이 필요하다.
3 명백한 과거를 나타내는 부사 (yesterday)가 있으므로 단순 과거로 표현한다.
4 '한 번을 더 읽는다면'은 미래에 대한 가정이므로 미래완료 시제가 와야 한다.

B 다음 밑줄 친 부분을 바르게 고쳐 문장을 다시 쓰시오.

1 I have seen an elephant at the zoo yesterday.

→ _____ I saw an elephant at the zoo yesterday. _____

2 Anthony is sick in bed for a week.

→ _____ Anthony has been sick in bed for a week. _____

3 Jane graduates from middle school one year later.

→ _____ Jane will graduate from middle school one year later. _____

해석 1. 나는 어제 동물원에서 코끼리를 보았다. 2. Anthony는 1주일 동안 아파서 누워 있었다. 3. Jane은 1년 뒤에 중학교를 졸업할 것이다.

B

1 확실한 과거를 나타내는 yesterday가 있으므로 과거 시제를 써야 한다.
2 for a week가 왔으므로 완료 시제가 와야 한다.
3 one year later라는 미래를 나타내는 어구가 있으므로 미래 시제를 써야 한다.

C 다음 대화의 빈칸에 주어진 말을 사용하여 알맞은 형태로 쓰시오.

1 A Robert speaks Japanese very well.
B Yes. He speaks like a native speaker.
A He ___ has ___ ___ lived ___ in Japan before. (live)
B That's why he speaks it so well.

A: Robert는 일본어를 아주 잘 해.
B: 맞아. 그는 꼭 원어민처럼 말해.
A: 그는 전에 일본에 살았었대.
B: 그래서 잘 하는구나.

2 A When did you return home last night?
B About 11 o'clock.
A I didn't hear any sound at that time. So I didn't know you came.
B You ___ had ___ ___ fallen ___ ___ asleep ___ on the sofa when I saw you.
(fall asleep)

A: 너 어젯밤에 언제 집에 돌아왔니?
B: 11시쯤에.
A: 그때 아무 소리도 안 들렸는데. 그래서 네가 온 것을 몰랐어.
B: 내가 너를 보았을 때 넌 소파에서 잠들었던데.

C

1 '일본에 산 적이 있다'고 경험을 말하려면 현재완료로 쓴다.
· native speaker 원어민
2 과거 시점 기준으로 그 이전에 이미 시작된 일을 말할 때 과거완료 시제로 쓴다.

D 다음 우리말과 같은 뜻이 되도록 주어진 말을 사용하여 영어로 쓰시오.

1 나는 이미 내 보고서를 제출했다. (already, submit, report)

→ _____ I have already submitted my report. _____

2 Joan은 독일로 가버렸다. (go, Germany)

→ _____ Joan has gone to Germany. _____

3 Mary는 다음 주까지 모형 배를 완성할 거야. (finished, making, a model boat, by)

→ _____ Mary will have finished making a model boat by next week. _____

D

1 완료를 의미하는 현재완료의 문장으로 나타내야 한다.
· submit 제출하다
2 '독일로 가서 지금 여기 없다'는 뜻이므로 현재완료 시제를 써야 한다.
3 현재부터 시작해서 미래까지 계속되어 미래에 행동이 완료되는 것이므로 미래완료 시제를 쓴다.

EXERCISE

A 다음 문장의 (   ) 안에서 알맞은 말을 고르시오.

1 When I arrived at the station, the train (already left, **had already left**).

2 How long (are you waiting, **have you been waiting**) here?

3 I (have, **had**) never seen such beautiful scenery before I went to Jeju.

4 Ben (**believes**, is believing) his brother will be a great man.

해석 1. 내가 역에 도착했을 때 기차는 이미 떠났다. 2. 너 여기서 얼마나 기다리고 있었던 거니? 3. 나는 제주도에 가기 전에는 그렇게 아름다운 경치를 본 적이 없다. 4. Ben은 그의 남동생이 위대한 사람이 될 거라고 믿고 있다.

B 다음 중 <u>어색한</u> 부분을 바르게 고쳐 문장을 다시 쓰시오.

1 Emily has been making accessories for an hour when I entered her shop.
→ Emily had been making accessories for an hour when I entered her shop.

2 I hurried to the church, but the service already began.
→ I hurried to the church, but the service had already begun.

3 Francis has finished the work by tomorrow.
→ Francis will have finished the work by tomorrow.

4 Betty has been knowing Dr. Brown for 10 years.
→ Betty has known Dr. Brown for 10 years.

해석 1. 내가 Emily의 가게에 들어갔을 때 그녀는 1시간 동안 장신구를 만들고 있는 중이었다. 2. 나는 서둘러서 교회에 갔지만, 예배는 이미 시작되었다. 3. Francis는 내일까지 일을 끝낼 것이다. 4. Betty는 Brown 박사를 10년 동안 알아왔다.

B
1 기준 시점이 과거이고 행동이 중이므로 과거완료진행 시제를 한다.
2 교회에 도착하기 전에 이미 예 시작된 것이므로 had p.p.로 낸다.
  · service 예배
3 내일 쯤이면 이미 그 일을 끝 태일 것이라는 것이므로 미래 will have p.p.로 나타낸다.
4 know는 진행형으로 쓸 수 없 사이므로 현재완료 시제를 써 다.

C 다음 대화의 빈칸에 주어진 말을 사용하여 알맞은 형태로 쓰시오.

1 A Why didn't you come to our meeting?
B I couldn't get up in the morning.
A Were you sick?
B No. I was so tired because I ___had___ ___climbed___ a mountain the previous day. (climb)

A: 왜 우리 모임에 오지 않았니?
B: 아침에 일어나지 못했어.
A: 아팠니?
B: 아니. 그 전날 산에 올라가서 너무 피곤했거든.

2 A What are you going to do at five today?
B I ___will___ be ___having___ dinner with Michael at five. (have)
A Do you mean you have a date with him?
B Yes. He asked me out for dinner.

A: 오늘 5시에 무엇을 할 거니?
B: 5시에는 Michael과 저녁을 먹고 있는 중일 거야.
A: 그와 데이트를 한다는 뜻이니?
B: 응. 그가 나를 저녁 식사에 초대했어.

C
1 피곤했던 시점보다 등산을 했 이 그 이전의 일이므로 had 로 나타낸다.
  · the previous day 전날
2 미래 시점에 진행 중일 것이라 할 때는 미래진행 시제인 「wi +-ing」로 쓴다.
  · have a date 데이트하다

D 다음 우리말과 같은 뜻이 되도록 주어진 말을 사용하여 영어로 쓰시오.

1 지난 주에 나는 네가 사준 시계를 잃어버렸다. (lose, watch, buy)
→ Last week I lost the watch that you had bought.

2 선생님이 들어오셨을 때 나는 숙제를 막 끝냈다. (just, finish, homework, come in)
→ I had just finished the homework when the teacher came in.

3 내일 아침에 나는 공원에서 자전거를 타고 있을 것이다. (riding a bike, park)
→ I will be riding a bike in the park tomorrow morning.

D
1 과거보다 더 이전에 일어난 had p.p.로 나타낸다.
2 과거 시점 이전에 시작되어 고 완료된 일은 과거완료로 나타
3 미래의 한 시점에 진행 중인 미래진행 시제인 「will be+~ 로 나타낸다.

01 다음 밑줄 친 부분을 바르게 고쳐 쓴 것은?

> We will go out after we <u>will finish</u> doing the dishes.

✔① finish   ② finishes
③ finished   ④ have finished
⑤ had finished

시간의 부사절에서는 현재 시제가 미래를 대신한다.
해석 우리는 설거지를 끝낸 후에 나갈 거야.

02 다음 빈칸에 들어갈 수 있는 것을 <u>모두</u> 고르면? (2개)

> The president _____ a new policy tomorrow.

① announce   ✔② announces
✔③ will announce   ④ announced
⑤ has announced

현재 시제가 미래를 나타내는 부사구와 함께 쓰여 미래를 나타낼 수 있다.
해석 대통령은 내일 새로운 정책을 발표할 것이다.
· announce 발표하다 · policy 정책

03 다음 중 어색한 부분을 찾아 바르게 고쳐 쓰시오.

> Children learned that the Olympic games had been held in Seoul in 1988.

had been   →   were

역사적 사실은 과거 시제로 써야 한다.
해석 아이들은 올림픽 경기가 서울에서 1988년에 열렸다는 것을 배웠다.

04 다음 문장의 빈칸에 들어갈 말로 알맞지 <u>않은</u> 것은?

> My roommate has been ill _____.

① for one week
② during the holidays
✔③ last Thursday
④ since last Monday
⑤ since he went hiking

현재완료의 문장은 명백한 과거 시점을 나타내는 부사와 함께 쓸 수 없다.
해석 나의 같은 반 친구는 _____ 아팠다.
① 1주일 동안 ② 휴일 동안 ③ 지난 목요일에 ④ 지난 월요일 이후부터 ⑤ 하이킹을 간 이후부터

05 다음 두 문장을 한 문장으로 만들 때 알맞은 것은?

> Matthew started listening to music one hour ago. He is still listening to music.

① Matthew is listening to music for an hour.
② Matthew was listening to music for an hour.
③ Matthew will be listening to music for an hour.
✔④ Matthew has been listening to music for an hour.
⑤ Matthew had been listening to music for an hour.

과거에 시작되어 현재에도 진행 중임을 나타낼 때는 현재완료진행으로 표현한다.
해석 Matthew는 1시간 전에 음악을 듣기 시작했다. 그는 여전히 음악을 듣고 있는 중이다. → Matthew는 한 시간 동안 음악을 듣고 있다.

06 다음 중 밑줄 친 부분이 미래를 의미하는 것은?

① I <u>am</u> very pleased to meet you.
② Walking <u>is</u> good for our health.
✔③ The train <u>leaves</u> for Seoul ten minutes later.
④ Anthony <u>writes</u> a letter to Sandra every night.
⑤ Victoria <u>teaches</u> English at the kindergarten.

③은 현재 시제가 미래 어구와 함께 쓰여 미래를 대신하고 있다.
해석 ① 나는 너를 만나서 정말 기뻐. ② 걷기는 건강에 좋아. ③ 기차는 10분 뒤에 서울을 향해 떠날 것이다. ④ Anthony는 매일 밤 Sandra에게 편지를 쓴다. ⑤ Victoria는 유치원에서 영어를 가르친다.

07 다음 대화의 빈칸에 주어진 말을 사용하여 알맞은 형태로 쓰시오.

> A My grandpa <u>has</u> <u>planted</u> more than one hundred trees over fifty years. (plant)
> B Wow. He is so great.
> A You're right. I will help him when he plants more trees.

현재완료의 계속 용법으로 50년간 나무를 계속 심어 왔다는 의미이다.
해석 A: 나의 할아버지는 50년간 100그루 이상의 나무를 심으셨어.
B: 와, 정말 대단하시다. A: 맞아. 나도 할아버지가 나무를 더 심을 때 도울 거야.
· plant 심다

[8~9] 다음 두 문장을 한 문장으로 만들 때 빈칸에 알맞은 말을 쓰시오.

08
> Mary left her bag on the subway. Now she doesn't have it. Mary는 지하철에 가방을 두었다. 그녀는 지금 가방을 가지고 있지 않다.

→ Mary ___has___ ___left___ her bag on the subway. Mary는 지하철에 가방을 두고 내렸다.

'전철에 두고 내려서 지금 가지고 있지 않다'는 의미로 현재완료의 문장을 쓰려면 have p.p.인데 주어가 3인칭 단수이므로 has p.p.를 쓴다.

09
> Rebecca moved to Seoul three years ago. She still lives in Seoul. Rebecca는 3년 전에 서울로 이사를 왔다. 그녀는 아직도 서울에 살고 있다.

→ Rebecca ___has___ ___lived___ in Seoul ___for___ three years. Rebecca는 3년 동안 서울에서 살고 있다.

3년 전에 이사 와서 지금도 산다면 3년간 죽 살아왔다는 뜻이므로 현재완료의 계속 용법에 해당한다. 주어에 맞게 has p.p.로 쓴다.

10 다음 밑줄 친 부분을 바르게 고쳐 문장을 다시 쓰시오.

> When I came home, Dad <u>has been</u> watching TV for thirty minutes. 내가 집에 왔을 때 아빠는 30분 동안 TV를 보고 계셨다.

→ When I came home, Dad had been watching TV for thirty minutes.

과거 시점보다 더 먼저 시작되어 진행 중인 동작은 과거완료진행인 「had+been -ing」로 나타낸다.

11 다음 우리말과 같은 뜻이 되도록 주어진 말을 사용하여 영어로 쓰시오.

> 우리가 오기 전에 그들은 두 시간 동안 공부를 해 오고 있었다.
> (had, studying, for, hours, before, came)

→ They had been studying for two hours before we came.

과거 시점보다 먼저 시작되어 계속되는 일은 과거완료진행으로 나타낸다.

[12~14] 다음 대화의 빈칸에 알맞은 말을 고르시오.

12
> A How was the weather in Japan?
> B When we arrived in Japan, it _____ for a week.

① is raining   ② was raining
③ has rained   ✔④ had been raining
⑤ has been raining

도착한 과거 시점보다 더 이전에 비가 오기 시작해서, 계속 비가 오고 있었다는 의미이므로 과거완료진행 시제를 쓴다.

해석 A: 일본의 날씨는 어땠어? B: 우리가 일본에 도착했을 때 1주일 동안 비가 오고 있었어.

13
> A Was the baseball game exciting last Sunday?
> B When we got to the stadium, we found that the game _____.
> A I'm sorry to hear that. I know you really wanted to watch it.

① finish   ② finished
③ were finishing   ④ have finished
✔⑤ had finished

도착 전에 이미 게임이 끝난 것이므로 대과거인 had p.p.로 표현한다.

해석 A: 지난 일요일에 야구 경기는 즐거웠니?
B: 우리가 경기장에 도착했을 때 경기가 끝난 것을 알았어.
A: 안됐네. 너 그 경기를 정말로 보기를 원했잖아.
· stadium 경기장

14
> A The train _____ at the next stop in twenty minutes.
> B Why does it take so long to get there?
> A I don't know. Let's find out.

① arrive   ② arrived
✔③ is arriving   ④ has arrived
⑤ will be arrived

come, go, arrive 등과 같은 왕래 발착 동사는 현재 또는 현재진행 시제가 미래를 나타내는 부사구와 함께 쓰여 미래를 대신한다.

해석 A: 기차가 20분 후에 다음 정거장에 도착한다.
B: 거기에 도착하는 데 왜 그렇게 오래 걸리지?
A: 나도 몰라. 우리 알아보자.
· stop 정거장 · take 시간이 걸리다 · get 도착하다

해석 Britney는 이번 주에 정말 열심히 일해 왔다. 그녀는 운동이 필요하고, 해변에서 조깅하는 것을 좋아한다. 그녀는 이번 일요일에 해변에서 조깅하고 있을 것이다.

15 다음 글의 빈칸에 알맞은 말은?

> Britney has worked so hard during this week. She needs exercise and likes to jog on the beach. So she _____ on the beach this Sunday.

① was jogging   ② jogs
✔③ will be jogging   ④ has been jogging
⑤ had been jogging

'해변에서 조깅하고 있을 것이다'라는 의미가 되려면 미래진행형인 「will be+ -ing」가 적절한 표현이다.

다음 문장과 같은 뜻의 문장을 고르시오.

1 We will have a party this evening.
✔ ① We are having a party this evening.　　② We had a party this evening.
현재진행형이 미래를 대신하기도 한다.

2 Is she coming back soon?
① Has she come back soon?　　✔ ② Will she come back soon?
현재진행형이 미래를 대신하기도 한다.

3 Have you ever seen a bat?
① Do you ever see a bat?　　✔ ② Did you ever see a bat?
현재완료를 과거 시제가 대신하기도 한다. / •bat 박쥐

4 I lost the pen, and I don't have it now.
① I had lost the pen.　　✔ ② I have lost the pen.
과거에 잃어버려서 지금 없다는 것은 현재완료의 결과 용법이므로 have p.p.로 나타낸다.

5 That country is to hold the Olympic Games a few years later.
✔ ① That country will hold the Olympic Games a few years later.
② That country can hold the Olympic Games a few years later.
「be+to동사원형」으로 '미래'의 뜻을 나타낼 수 있다.

다음 우리말과 같은 뜻이 되도록 주어진 말을 사용하여 빈칸에 알맞은 말을 쓰시오.

1 내가 집에 돌아왔을 때 엄마는 샌드위치를 만들고 계셨다. (make)
Mom ___was___ ___making___ sandwiches when I came home.
과거진행형이므로 「was+-ing」로 표현한다.

2 나는 10년 뒤에 여기에서 너를 기다리고 있을 거야. (wait)
I ___will___ ___be___ ___waiting___ for you here ten years later.
미래에 진행 중인 일은 「will be+-ing」로 나타낸다.

3 내일 이맘 때에는 우리 그룹이 산 정상에 도착해 있을 것이다. (reach)
Our group ___will___ ___have___ ___reached___ the top of the mountain by this time tomorrow.
미래의 어느 시점에 완료되는 일은 미래완료인 will have p.p.로 나타낸다. / •reach 도착하다 •by this time tomorrow 내일 이맘 때

4 내일 밤에는 내가 중국으로 가는 중일 것이다. (go)
I ___will___ ___be___ ___going___ to China tomorrow night.
미래에 진행 중인 일은 「will+be+-ing」로 표현한다.

5 그 유명한 기자는 멕시코에 가본 적이 있다. (to)
The famous reporter ___has___ ___been___ ___to___ Mexico.
have gone to ~에 가버리고 없다 / have been to ~에 가본 적이 있다

6 Jacob은 5시에 여기에 오기로 되어 있다. (be)
Jacob ___is___ ___due___ ___to___ ___come___ here at 5.
be due to ~하기로 되어 있다

다음 두 문장이 같은 뜻이 되도록 빈칸에 알맞은 말을 쓰시오.

1 Elizabeth started learning tennis four months ago. She is still learning.

→ Elizabeth ___has___ ___been___ ___learning___ tennis for four months.

과거에 시작되어 지금도 진행 중인 일은 현재완료진행 시제인 have[has] been -ing로 나타낸다.

2 Justin went to France, so he is not here now.

→ Justin ___has___ ___gone___ to France.

'가서 지금 여기에 없다'는 의미이므로 현재완료의 결과 용법으로 표현한다.

다음 빈칸에 주어진 말을 사용하여 알맞은 형태로 쓰시오.

1 Alexander ___brushes___ his teeth three times a day. (brush)

현재의 습관은 현재 시제로 나타낸다.

2 Let's go out to play baseball before it ___rains___. (rain)

시간의 부사절에서 미래 대신 현재 시제를 쓴다.

3 We learned that light ___travels___ faster than sound. (travel)

불변의 진리는 항상 현재 시제로 쓴다.

4 Dad usually ___bought___ some fruit on his way home when he was alive. (buy)

과거의 습관은 과거 시제로 나타낸다.
• on one's way home 집으로 돌아오는 길에 • alive 살아있는

5 He read the book you ___had given___ him. (give)

책을 읽은 것보다 책을 준 것이 더 이전의 일이므로 과거완료 시제로 나타낸다.

6 Mary ___has lived___ in Toronto since she was 5 years old. (live)

She ___will move [is going to move]___ to Ottawa next month. (move)

5살 이후부터 지금까지 살았으므로 현재완료 시제인 have p.p.를 쓰고, 다음 달에 이사갈 예정이므로 미래 시제를 써야 한다.

E

다음 중 어법상 올바른 문장을 고르시오.

1 ✔① Sonya is having lunch in the kitchen.

② Anthony is having a brand-new cell phone.

have가 소유를 의미할 때는 진행형으로 쓸 수 없다. / • brand-new 최신의

2 ① Robert is knowing my phone number.

✔② Robert knows my phone number.

know는 진행형을 쓸 수 없는 동사이다.

3 ✔① If it rains, we won't go on a picnic.

② If it will rain, we won't go on a picnic.

조건의 부사절에서는 현재가 미래를 대신한다.

4 ① The new semester started next Monday.

✔② The new semester starts next Monday.

왕래 발착 동사는 현재 시제가 미래를 나타내는 부사구와 함께 쓰여 미래를 대신한다. / • semester 학기

A

다음 문장의 ( ) 안에서 알맞은 말을 고르시오.

1 Physics (is✓, are) one branch of science.

2 Cattle (is, are✓) grazing on the grass.

3 My class (is, are✓) all very optimistic.

4 Sally has (a✓, 관사 없음) different opinion from mine.

5 The trousers that I am wearing (is, are✓) brand-new.

해석 1. 물리학은 과학의 한 분야이다. 2. 소들이 잔디 위에서 풀을 뜯어먹고 있다. 3. 우리 반은 모두가 매우 긍정적이다. 4. Sally는 나와 다른 의견을 가지고 있다. 5. 내가 입고 있는 바지는 신상품이다.

A
1 과목명은 단수 취급한다.
• branch 분야
2 cattle은 항상 복수 취급한다.
• graze 풀을 뜯어먹다
3 class는 집합을 구성하는 각각의 개체를 의미할 때는 복수 취급한다. 문장 안에 all이 들어있는 것을 보면 더욱 확실히 알 수 있다.
• optimistic 긍정적인
4 opinion은 셀 수 있는 보통명사이다.
5 trousers는 항상 복수형을 쓴다.

B

다음 중 <u>어색한</u> 부분을 바르게 고쳐 문장을 다시 쓰시오.

1 I had to pay custom because of the expensive laptop computer.

→ _____ I had to pay customs because of the expensive laptop computer. _____

2 The police has caught the murderer.

→ _____ The police have caught the murderer. _____

3 The cloth you gave me yesterday is a little large for me.

→ _____ The clothes you gave me yesterday are a little large for me. _____

해석 1. 나는 비싼 휴대용 컴퓨터 때문에 관세를 내야만 했다. 2. 경찰관들이 그 살인자를 잡았다. 3. 네가 어제 내게 준 그 옷은 나한테 약간 크다.

B
1 custom(관습) – customs(관세, 세관)
• laptop computer 휴대용 컴퓨터
2 police는 '경찰관'이라는 뜻으로 쓸 때는 항상 복수 취급한다.
• murderer 살인자
3 clothes(옷) – cloth(천) clothes는 복수 취급을 한다.
• a little 약간

C

다음 대화의 빈칸에 알맞은 말을 <보기>에서 골라 쓰시오.

보기	arm / arms	pain / pains	manner / manners

1 A I think Jack has no _____ manners _____.
　　B Why do you think so?
　　A He always says something rude.

A: 나는 Jack이 예의가 없다고 생각해.
B: 왜 그렇게 생각하니?
A: 그는 항상 무례하게 말하거든.

2 A Good job! Your essay is great.
　　B I took great _____ pains _____ to write it.

A: 잘했다! 네 에세이가 훌륭하구나.
B: 나 그것을 쓰는 데에 고심을 많이 했어.

C
1 '예절'은 manners이다.
• rude 무례한
2. '수고'를 많이 했다는 뜻이므로 pains를 쓴다.

D

다음 우리말과 같은 뜻이 되도록 주어진 말을 사용하여 영어로 쓰시오.

1 모든 통행인들은 교통 신호를 따라야 한다. (passer-by, follow)
→ All _____ passers-by must[have to] follow _____ the traffic lights.

2 청중은 모두 그의 연설에 감동받았다. (audience, all, moved)
→ _____ Audience were all moved _____ by his speech.

3 그 기술자는 이 로봇을 만들기 위해 많은 수고를 했다. (took, much)
→ The engineer _____ took much pains _____ to make this robot.

D
1 passer-by의 복수형은 passers-by이다.
2 audience는 단수 취급하기도 하고 복수 취급하기도 하는데, 이 문장에서는 청중의 개개인을 따로 언급하는 것이므로 was가 아닌 were를 쓴다.
• move 감동시키다
• speech 연설
3 pain(고통) – pains(수고) pains는 셀 수 없으므로 a를 붙일 수 없다.

EXERCISE

A 다음 문장의 ( ) 안에서 알맞은 말을 고르시오.

1 I want to be (Einstein, an Einstein✓).

2 There are (three Smith, three Smiths✓) in my class.

3 We will visit (the Baker, the Bakers✓) this weekend.

해석 1. 나는 아인슈타인 같은 사람이 되고 싶어. 2. 우리 반에는 세 명의 Smith가 있다. 3. 우리는 이번 주말에 Baker 씨 가족을 방문할 것이다.

B 다음 중 <u>어색한</u> 부분을 바르게 고쳐 문장을 다시 쓰시오.

1 My wish is to have two Rembrandt.

→ _____ My wish is to have two Rembrandts[two works of Rembrandt]. _____

2 For our housewarming party, I bought two wine.

→ _____ For our housewarming party, I bought two wines[two bottles of wine]. _____

3 Recently there have been three fire in my neighborhood.

→ _____ Recently there have been three fires in my neighborhood. _____

해석 1. 내 소망은 렘브란트의 작품을 두 점 소장하는 것이다. 2. 나는 우리 집들이를 위해 와인 두 병을 샀다. 3. 최근에 우리 이웃에 세 건의 화재가 있었다.

B
1 화가 이름은 고유명사이나 그 작품을 말할 때는 보통명사화 된다.
2 wine은 셀 수 없는 물질명사지만 제품의 뜻으로 쓰일 때는 복수로 쓸 수 있다.
· housewarming party 집들이
3 fire가 불이 아닌 '화재'를 의미할 때는 보통명사화 된다. 즉, 복수로 쓸 수 있다.
· recently 최근에
· neighborhood 이웃

C 다음 대화의 빈칸에 알맞은 말을 <보기>에서 골라 바른 형태로 쓰시오.

보기	dinner	steak	success	information	paper

1 A What are you reading?

B I'm reading today's __paper__.

A Are there any interesting articles?

B Yes. There's one about Joanne Rowling.
She is __a success__ as the writer of Harry Potter Series.

A: 너 무엇을 읽고 있니?
B: 오늘 신문을 읽고 있어.
A: 재미있는 기사라도 있니?
B: 응. Joanne Rowling에 관한 거야. 그녀는 해리포터 시리즈의 작가로 성공한 사람이지.

2 A I heard that Charles asked you out for __dinner__ yesterday.

B Yeah, right. We went to a fancy restaurant and had __steak__.

A Give me some __information__ about him.

B There is nothing special. He is just a normal man, I think.

A: 나는 Charles가 어제 너한테 저녁 식사 데이트를 신청했다고 들었어. B: 그래, 맞아. 우리는 고급 식당에 가서 스테이크를 먹었지.
A: 그에 관해 정보를 좀 줘봐. B: 특별한 거 없어. 나는 그가 단지 평범한 남자라고 생각해.

C
1 '오늘 신문'은 today's paper, success는 추상명사이지만, '성공한 사람'이라는 뜻으로 쓰일 때는 a success로 쓴다.
· article 기사
2 information은 셀 수 없는 명사이므로 관사 없이 쓴다.
· ask ~ out 데이트를 신청하다
· fancy 고급의, 최상의
· normal 평범한

D 다음 우리말과 같은 뜻이 되도록 주어진 말을 사용하여 영어로 쓰시오.

1 그 젊은 남자는 모든 것에 있어서 자신감을 보인다. (confidence, in everything)

→ _____ The young man shows confidence in everything. _____

2 엄마는 쿠키를 굽기 위해 많은 밀가루와 버터를 필요로 하신다.
(much, flour, bake, cookies)

→ _____ Mom needs much flour and butter to bake cookies. _____

3 그는 화가로서 정말 크게 성공한 사람이다. (great, success, as, artist)

→ _____ He is a great success as an artist. _____

D
1 '자신감'은 추상명사이므로 무관사로 쓰고, 복수형도 따로 없다.
· confidence 자신감
2 flour와 butter는 물질명사라 복수형이 없고 수식할 때는 much 또는 가산명사와 불가산명사를 수식하는 a lot of, lots of, plenty of 등으로 수식한다.
3 추상명사 앞에 a가 붙으면 보통명사화 되어 그런 속성을 가진 소유자는 구체적인 행동 하나를 의미한다.
· a success 성공한 사람

EXERCISE

A 다음 문장의 ( ) 안에서 알맞은 말을 고르시오.

1 (An, The✓) air in this room is not good.

2 The students are all of (an✓, the) age.

3 We have plans to climb (a, the✓, 관사 없음) Himalayas.

해석 1. 이 방의 공기가 좋지 않아. 2. 학생들은 모두 같은 나이다. 3. 우리는 히말라야 산맥을 등반할 계획이 있다.

A
1 수식어구로 명사가 한정되므로 the를 쓴다.
2 여기서의 a/an은 same의 뜻이 있다.
3 산맥 이름 앞에는 the를 쓴다.

B 다음 밑줄 친 부분을 관사를 이용한 표현으로 바꿔 문장을 다시 쓰시오.

1 Birds of <u>the same</u> feather flock together.

→ _____ Birds of a feather flock together.

2 There are seven days in <u>one</u> week.

→ _____ There are seven days in a week.

3 Adam stood there for <u>some</u> time.

→ _____ Adam stood there for a time.

해석 1. 같은 깃털을 가진 새들이 같이 모인다. (유유상종) 2. 일주일은 7일이 있다. 3. Adam은 얼마 동안 그곳에 서 있었다.

B
부정관사에는 the same, one, some 동의 의미가 있다.
· flock 모이다
· feather 깃털

C 다음 대화의 빈칸에 알맞은 말을 〈보기〉에서 골라 알맞은 형태로 쓰시오.

보기	same	breakfast	bus	promise

1 A You know what? I bought a new MP3 player.

B Oh, your dad kept ___the promise___ ?

A Yeah. He told me that he would buy one for my birthday. This is it.

B What a coincidence! This is ___the same___ one as mine.

2 A What do you usually do on Sunday mornings?

B I get up very late and eat ___breakfast___ very quickly. Then I go to Mt. Dobong.

A Do you drive your car to the mountain?

B No, I go there by ___bus___ .

해석 1. A: 너 그거 알아? 나 MP3 플레이어를 새로 샀어. B: 오, 너의 아빠가 약속을 지키셨어? A: 응. 아빠가 내 생일 선물로 사 주시겠다고 말씀하셨거든. 이게 바로 그거야. B: 우연의 일치다! 내 것과 똑같아. 2. A: 너는 일요일 아침마다 보통 무엇을 하니? B: 아주 늦게 일어나서 아침 식사를 아주 빨리 먹어. 그리고 도봉산에 가. A: 산에 자동차를 타고 가니? B: 아니, 버스를 타고 가.

C
1 promise는 서로 알고 있는 것을 나타내므로 the를 써야 한다. same 앞에는 the가 쓰인다.
· the same ~ as ~와 같은 종류의 것
· coincidence (우연의) 일치
2 식사명과 교통수단 앞에는 관사를 안 쓴다.

D 다음 우리말과 같은 뜻이 되도록 빈칸에 알맞은 말을 쓰시오.

1 책상 위의 연필들은 모두 내 것이다.

→ ___The___ ___pencils___ ___on___ ___the___ ___desk___ ___are___ all mine.

2 달은 지구 주위를 돈다.

→ ___The___ ___moon___ goes around ___the___ ___earth___ .

3 그들은 Kennedy를 미국 대통령으로 선출했다.

→ They elected ___Kennedy___ as ___American___ ___President___ .

D
1 뒤에서 수식하는 어구가 있으므로 명사 앞에 the를 붙인다.
2 세상에서 유일한 것인 달이나 지구 앞에는 the를 붙인다.
3 관직을 나타내는 말 앞에는 관사를 안 쓴다.
· elect 선출하다

01 다음 중 <보기>와 같은 종류의 단어는?

> 보기   water

① puppy   ② class   ✔③ paper
④ beauty   ⑤ Monday

water와 paper는 물질명사이고, puppy는 보통명사, class는 집합명사,
beauty는 추상명사, Monday는 고유명사이다.

02 다음 중 밑줄 친 부분이 어법상 어색한 문장은?

① The visitor couldn't pass the customs.
② The soldier needed arms.
✔③ We can't live without airs.
④ All the pains were for nothing.
⑤ Fine clothes make the man.

custom(습관) – customs(세관), arm(팔) – arms(무기), air(공기) – airs(건방진
태도), pain(고통) – pains(수고), cloth(천) – clothes(옷) / ③ airs → air

해석 ① 그 방문객은 세관을 통과할 수 없었다. ② 그 군인은 무기가 필요했다. ③ 우
리는 공기없이 살 수 없다. ④ 모든 수고가 허사가 되었다. ⑤ 옷이 날개다.

해석 ① 요리사는 감자를 사야 한다. ② 요리사는 버터를 좀 사야 한다. ③ 요리사
는 우유 2병을 사야 한다. ④ 요리사는 양파를 몇 개 사야 한다. ⑤ 요리사는 스위
스에서 만든 치즈를 사야 한다.

03 다음 중 어법상 어색한 문장은?

✔① The chef has to buy potato.
② The chef has to buy some butter.
③ The chef has to buy two bottles of milk.
④ The chef has to buy several onions.
⑤ The chef has to buy cheese made in Switzerland.

① potato가 셀 수 있는 명사이므로 관사를 쓰거나 복수형으로 쓴다.
potato → a potato[potatoes / some potatoes]

해석 ① 이 건물에서 화재가 한 번 났다. ② 나는 그의 집에서 피카소 작품 하나를
봤어. ③ Brown 씨라는 사람이 너를 만나러 왔어. ④ Kelly는 경찰관이 되고 싶어
한다. ⑤ Sean은 가게에서 치즈 한 개를 샀다.

04 다음 밑줄 친 명사의 쓰임이 나머지와 다른 하나는?

① There was a fire in this building.
② I saw a Picasso in his house.
③ A Mr. Brown came to meet you.
✔④ Kelly wants to be a police officer.
⑤ Sean bought a cheese in the shop.

①, ②, ③, ⑤ 불가산명사의 가산명사화 ④ 가산명사

05 다음 우리말을 영어로 쓴 문장에서 어색한 부분은?

> Maria는 그 잡지에서 많은 정보를 얻을 수 있었다.

→ Maria ① could ② get ③ a lot of
✔④ informations ⑤ from the magazine.

④ informations → information
information은 추상명사이므로 셀 수 없고 복수형도 없다.

06 다음 문장의 빈칸에 들어갈 말로 알맞지 않은 것은?

> I invited _____ to my birthday party.

① the Lees   ✔② police
③ my friends   ④ Mr. Kim's family
⑤ Mr. and Mrs. Brown

police는 '경찰'이라는 뜻의 집합명사이다. 여기에서는 a police officer 또는 the
police가 되어야 한다.

07 다음 우리말과 같은 뜻이 되도록 빈칸에 알맞은 말을
쓰시오.

> Taylor 씨는 포드(Ford) 자동차를 한 대 샀다.

→ Mr. Taylor bought _____a_____ Ford_____.

'포드 자동차 한 대'라는 뜻으로 부정관사를 붙여 a Ford로 쓴다.

[8~9] 주어진 말을 사용하여 우리말을 영어로 쓰시오.

08

> William은 히틀러같은 사람이다. (Hitler)

→ _____William is a Hitler._____

「a+고유명사」 ~같은 사람

09

> 통계학은 수학의 한 분야이다.
> (statistics, branch, mathematics)

→ _____Statistics is a branch of mathematics._____

과목명은 단수 취급한다. 통계학이나 수학 모두 형태는 복수지만 단수 취급한다.
• branch 분야

10 다음 대화의 밑줄 친 부분을 바르게 고쳐 쓰시오.

> A I heard <u>a good news</u> from my teacher.
> I got 100 points on the math exam.
> B Congratulations!

→ _____ a piece of good news 또는 good news

news는 추상명사이므로 a를 붙일 수 없다.
a piece of를 사용해서 표현할 수 있다.

해석 A: 나는 우리 선생님께 좋은 소식을 들었어. 내가 수학 시험에서 100점을 받았대. B: 축하해!

11 다음 중 어법상 올바른 문장은?

① A book on your desk seems to be interesting.
② My favorite subject is a history.
③ Samantha, the dinner is ready.
✔④ I go to school at eight o'clock on weekdays.
⑤ He plays the volleyball much better than me.

① 수식어구로 한정되므로 A → The ② 과목명 앞 관사 불필요 ③ 식사명 앞 관사 불필요 ④ 학교에 공부하러 가는 것은 관사 없음 ⑤ 운동명 앞에 관사 불필요

해석 ① 책상 위의 그 책은 재미있어 보인다. ② 내가 가장 좋아하는 과목은 역사이다. ③ Samantha, 저녁 준비 다 되었어. ④ 나는 주중에 8시에 학교에 간다. ⑤ 그는 나보다 배구를 더 잘한다.
• subject 과목 • weekday 주중 • volleyball 배구

12 다음 대화에서 부정관사 a가 들어갈 곳으로 알맞은 것은?

> A I'm starving. How about going out for lunch?
> B OK. Let's go to (①) Jackson Restaurant by (②) car. I want to eat (③) French food.
> A Great idea! Let's order (✔④) glass of (⑤) wine, too.
> B I have to drive. I'll drink Coke instead of wine.

식사명, by+교통수단, 물질명사 앞에는 a를 붙이지 않는다.

해석 A: 배가 몹시 고파. 점심 먹으러 나가는 게 어때? B: 좋아. 우리 Jackson 식당에 차 타고 가자. 프랑스 음식이 먹고 싶어. A: 좋은 생각이야! 우리 와인 한 잔도 시키자. B: 나는 운전해야 해. 나는 와인 대신 콜라를 마실 거야.

13 다음 대화의 빈칸에 주어진 말을 사용하여 알맞은 형태로 쓰시오.

> A What's the matter with you?
> B As you know, I had ____a Picasso____ in my office. (Picasso)
> A What happened to the picture?
> B It was stolen last night. I have lost my treasure.

a Picasso는 Picasso의 작품 하나를 말한다.

해석 A: 너 무슨 문제 있니? B: 너도 알다시피 우리 사무실에 피카소 작품이 하나 있잖아. A: 그 그림에 무슨 일이라도 생겼니? B: 어젯밤에 도둑맞았어. 내 보물을 잃어버렸어. / • treasure 보물

14 다음 글에서 부정관사 a가 들어갈 수 <u>없는</u> 곳은?

> My friend and I go to the movies twice a month. Last weekend we saw (①) horror movie. While I was watching it, I sometimes screamed with (✔②) fear. However, my friend was silent. He didn't say (③) word even when he saw (④) frightening scene. Until then I didn't know he was such (⑤) brave man.

② fear는 추상명사이므로 부정관사를 쓸 수 없다.
• scream 비명을 지르다 • fear 두려움, 공포 • silent 조용한 • frightening 깜짝 놀라게 하는 • scene 장면 • brave 용감한

해석 내 친구와 나는 한 달에 두 번 영화를 보러 간다. 지난 주말에 우리는 공포 영화를 보았다. 나는 영화를 보는 동안 때때로 무서워서 소리를 질렀다. 그러나 내 친구는 조용했다. 그는 심지어 무시무시한 장면을 볼 때도 아무 말도 하지 않았다. 그 때까지 나는 그가 그렇게 용감한 사람인지 몰랐다.

해석 모든 사람들은 다른 견해를 가지고 있다. 그래서 각자의 삶에서 중요한 것은 서로 다르다. 나에게는 내가 귀중하다고 믿는 세 가지가 있다. 첫 번째는 우리 가족이고, 두 번째는 좋은 친구이고, 마지막으로는 나의 일이다.

15 다음 중 어법상 <u>어색한</u> 것을 찾아 바르게 고치시오.

> Every person ① <u>has</u> ② <u>a</u> different viewpoint. Therefore, the important things in one's life ③ <u>are</u> different. To me, there are three things that I believe ④ <u>are</u> precious. The first one is my family, the second one is a good friend, and ⑤ <u>a</u> last one is my job.

_____ ⑤ a → _____ the

⑤ 최상급 앞에는 정관사를 쓴다. ②의 viewpoint는 보통명사로 쓰인다.
• viewpoint 관점 • therefore 따라서 • precious 소중한

LET'S DRILL

다음 문장의 (   ) 안에서 알맞은 말을 고르시오.

1 All audience (is, are✔) leaving their seats.
집합명사인 audience를 그 구성원 각각으로 따로 보아 언급할 때는 복수 취급한다. / ·audience 청중

2 Scissors (is, are✔) dangerous for children to use.
scissiors는 항상 복수로 쓰이는 명사이므로 복수 취급한다.

3 Give me two glasses of (milk✔, milks), please.
물질명사는 복수형이 없고 단위를 복수로 만든다.

4 The land is lower than (a, the✔) sea in the Netherlands.
sea 앞에는 정관사를 붙인다. 나라 이름 앞에는 관사가 붙지 않지만, -s로 끝나거나 여러 단어로 된 나라 이름 앞에는 the를 쓴다.
· the Netherlands 네덜란드

다음 우리말과 같은 뜻을 가진 문장을 고르시오.

1 나는 안경을 살 것이다.
✔① I am going to buy glasses.　　　② I am going to buy a glass.
glasses도 항상 복수로 쓰이는 명사이다. a glass는 '유리 제품 하나'를 뜻한다. / ·glasses 안경 ·glass 유리

2 개는 충실한 동물이다.
① Dog is a faithful animal.　　　✔② Dogs are faithful animals.
종족 대표를 나타낼 때는 복수형, 또는 「관사+단수형」으로 쓴다.

다음 중 어법상 <u>어색한</u> 부분을 바르게 고쳐 문장을 다시 쓰시오.

1 A sheep are drinking water at the river.
→ ＿＿＿＿＿＿＿A sheep is drinking water at the river. / Sheep are drinking water at the river.＿＿＿＿＿
동사가 복수임을 나타내므로 sheep의 복수형이 필요한데 sheep은 단수와 복수가 같으므로 sheep이라고 써야 한다. 또는 동사를 단수 동사로 바꾼다.

2 Passer-by are looking at us, but we don't care about that.
→ ＿＿＿＿＿＿＿Passers-by are looking at us, but we don't care about that.＿＿＿＿＿
복합명사인 passer-by의 복수형은 passer에 -s를 붙인다. / ·passer-by 행인 ·care 관여하다

3 The soldier didn't feel any pains even when his leg was shot.
→ ＿＿＿＿＿＿＿The soldier didn't feel any pain even when his leg was shot.＿＿＿＿＿
아무 고통도 느끼지 못했다는 의미이므로 pain이어야 한다. pains는 '수고'라는 의미이다. / ·shoot – shot – shot 총을 쏘다

4 I need your helps right now.
→ ＿＿＿＿＿＿＿I need your help right now.＿＿＿＿＿
help는 추상명사이므로 복수형으로 쓸 수 없다.

5 While I was driving through the forest, I encountered more than ten deers.
→ ＿＿＿＿＿＿＿While I was driving through the forest, I encountered more than ten deer.＿＿＿＿＿
deer는 단수와 복수가 같다. / ·encounter 마주치다

6 All living things need waters and airs.
→ ＿＿＿＿＿＿＿All living things need water and air.＿＿＿＿＿
물질명사는 복수형으로 쓰지 않는다. 이 문장에서 water and air는 제품이 아니므로 보통명사화 되지 않는다.

다음 문장에서 어법상 <u>어색한</u> 것을 고르시오.

1 ① The ✓② Korea ③ is ④ a ⑤ peninsula.
고유명사 앞에는 관사를 붙이지 않는다. / • peninsula 반도

2 ① Mathematics ✓② are ③ my ④ favorite ⑤ subject.
과목명은 단수 취급하므로 단수 동사를 쓴다. / • subject 과목

3 Recently ① there ② were ③ many ✓④ fire ⑤ in this area.
'화재가 많았다' 는 의미이므로 fires를 쓴다. 물질명사가 보통명사화 된 것이다.

4 ① My classmates ② elected me as ✓③ the chairman ④ of the students' ⑤ council.
직책을 나타내는 말 앞에는 관사를 쓰지 않는다. / • elect 선출하다 • chairman 의장 • council 의회

다음 우리말과 같은 뜻이 되도록 빈칸에 알맞은 말을 쓰시오.

1 석간 신문 한 부 사다 줄래요?

Can you buy _____an_____ evening paper for me?
물질명사가 보통명사화 된 예로서 여기서는 종이가 아니라 일정한 형태가 있는 제품(신문)을 의미하므로 부정관사를 쓴다.

2 내 사촌이 식당에서 유리잔 하나를 깼다.

My cousin broke _____a_____ _____glass_____ at a restaurant.
'유리' 라는 물질명사를 '유리잔' 이라는 제품을 의미하는 보통명사로 만든 것이므로 부정관사를 쓴다.

3 우리 반에 Jane이라는 이름을 가진 사람이 세 명 있다.

There are _____three_____ _____Janes_____ in my class.
이름은 고유명사이나 그런 이름을 가진 사람이 몇 명이라는 의미일 때는 복수형이 가능하다.

4 Leo는 일주일에 세 번 피아노 레슨을 받는다.

Leo takes piano lessons three times _____a_____ week.
'~당, ~마다' 의 뜻으로 a를 쓴다.

다음 문장의 빈칸에 알맞은 관사를 쓰시오.

1 _____The_____ sky is clear and the wind is cool.
sky 앞에는 정관사를 붙인다.

2 Every summer we swim in _____the_____ river in front of my grandfather's house.
뒤에 수식해 주는 어구가 있으므로 정관사 the를 쓴다.

3 There is a cell phone on the bench. _____The_____ cell phone is my sister's.
앞에 나온 명사를 다시 받을 때에는 정관사를 이용한다.

4 My mom was _____a_____ beauty when young.
a beauty 미인

5 Clare is willing to help _____the_____ poor.
「the+형용사」 → 복수 보통명사 / • 「be willing to부정사」 기꺼이 ~하다

6 We believe _____the_____ earth is _____the_____ most beautiful planet in our solar system.
천체 이름 앞과 최상급 앞에는 the를 붙인다. / • planet 행성 • solar system 태양계

A

다음 문장의 ( ) 안에서 알맞은 말을 고르시오.

1 I received a very fashionable watch (making, made ✓) in Switzerland.

2 This rotten meat smells (terrible ✓, terribly).

3 The old man lived a (lonely ✓, alone) life in the country.

4 The athlete was very tired that he soon fell (sleeping, asleep ✓).

해석 1. 나는 스위스에서 만든 최신 유행하는 시계를 받았다. 2. 이 썩은 고기에서 고약한 냄새가 난다. 3. 그 노인은 시골에서 외로운 삶을 살았다. 4. 그 운동 선수는 너무 피곤해서 곧 잠들어 버렸다.

B

다음 중 어색한 부분을 바르게 고쳐 문장을 다시 쓰시오.

1 Don't kill any alive creatures.

→ _____ Don't kill any living creatures. _____

2 Most of the volunteers thought the work difficulty.

→ _____ Most of the volunteers thought the work difficult. _____

해석 1. 살아있는 생물체를 죽이지 마라. 2. 지원자의 대부분은 그 일이 어렵다고 생각했다.

C

다음 대화의 빈칸에 알맞은 말을 〈보기〉에서 골라 쓰시오.

보기	elder	older	awake	ashamed

1 A Let me show you my family picture. 우리 가족 사진을 보여 줄게.

B Wow. What a big family! Do you have three sisters? 와, 대가족이구나! 자매가 세 명 있니?

A Right. All of the three are my ___ elder ___ sisters. 맞아. 그 세 명 모두 언니들이야.

B I didn't know you're the youngest daughter in your family. 네가 막내딸인 줄 몰랐어.

2 A Would you like to drink a cup of coffee? 커피 한 잔 마실래?

B No, thanks. Coffee keeps me ___ awake ___. 고맙지만 안 마실래. 커피 마시면 잠이 안 와.

A I can't sleep if I drink it in the afternoon, either. But it's early in the morning. 나도 오후에 커피를 마시면 잠이 안 와. 하지만 지금은 이른 아침이잖아.

B I would rather drink a glass of juice. 차라리 주스 한 잔 마시는 게 낫겠어.

D

다음 우리말과 같은 뜻이 되도록 주어진 말을 바르게 배열하여 쓰시오.

1 자고 있는 아기를 깨우지 않도록 조용히 해라.

(quiet / not / wake up / sleeping / be / the / baby / to)

→ _____ Be quiet not to wake up the sleeping baby. _____

2 책상 위에 있는 책들은 내 것이 아니야.

(mine / not / the / on / are / the / books / desk)

→ _____ The books on the desk are not mine. _____

3 너는 실수를 저지르는 것이 두렵니? (afraid / making / are / of / you / mistakes)

→ _____ Are you afraid of making mistakes? _____

---

1 '스위스에서 만들어진'이 의미가 되어야 하므로 과거인 made가 알맞다.

2 보어로 쓰이는 것은 부사가 니라 형용사이다.
• rotten 썩은 • meat 고기

3 두 단어 모두 '외로운'이 의미이지만 명사를 수식할 있는 것은 lonely이다.

4 asleep은 보어로만 쓰이는 사이다. sleeping은 fall의 로 오지 않는다.

B

1 '살아있는'의 의미로 명사를 수 수 있는 것은 living이다.
• creature 생물

2 목적격보어로 쓰일 수 있는 것 용사이므로 difficulty를 diff 로 바꿔야 한다.
• volunteer 지원자
• difficulty 어려움

C

1 가족끼리의 서열을 나타내어 의'라고 할 때 elder라는 형용 쓰며 이는 한정적 용법으로 다.
• ashamed 부끄러운

2 '잠이 안 온다'라는 의미가 되 '깨어 있는'이라는 뜻의 형 awake를 쓴다. 이것은 서술 법으로만 쓰인다.
• would rather 차라리 ～하

D

1 '자고 있는'의 뜻으로 명사 ba 수식할 수 있는 형용사는 slee 이다. 명령문이므로 동사원형 시작해야 한다.

2 전치사구가 명사를 수식하는 되도록 한다.

3 • be afraid of ～을 두려워하
• mistake 실수

EXERCISE

A 다음 문장의 ( ) 안에서 알맞은 말을 고르시오.

1 There is (✓something strange, strange something) in the corner of the room.

2 The building is (✓five feet tall, tall five feet).

3 This is (so a difficult project, ✓so difficult a project).

해석 1. 방 구석에 이상한 것이 있다. 2. 그 건물은 5피트 높이야. 3. 이것은 정말로 어려운 계획이야.

A
1 -thing으로 끝나는 단어는 뒤에서 수식한다.
• strange 이상한
2 「수사+단위명사+형용사」
• feet 피트
3 「so+형용사+a+명사」
• project 계획

B 다음 ( ) 안의 말을 넣어서 문장을 다시 쓰시오.

1 Ask somebody to help you. (else)

→ _____ Ask somebody else to help you. _____

2 These cute puppies are mine. (three)

→ _____ These three cute puppies are mine. _____

3 I have imagined every situation. (possible)

→ _____ I have imagined every situation possible. _____

해석 1. 너를 도와줄 누군가에게 부탁해 봐. 2. 이 귀여운 세 마리 강아지 모두가 내 거야. 3. 나는 모든 가능한 상황을 상상했어.

B
1 -body로 끝나는 말은 뒤에서 수식한다.
• else 그 밖의
2 「지시+수량+주관적 판단 형용사」
• puppy 강아지
3 「every+명사+-ible로 끝나는 형용사」
• imagine 상상하다
• situation 상황

C 다음 주어진 말을 바르게 배열하여 문장을 완성하시오.

1 A Kate, I'm so worried because of my Korean homework.
  B What is it?
  A It's to read this book and summarize the story within two days.
    Have a look at _this thick blue English_ (thick / blue / English / this) book.
  B Wow, it's _quite a thick book_. (thick / a / book / quite)
    It may take more than two days to read the book.

2 Last winter my family went to the East coast and saw a sunset. Mom said, "I have never seen _such a beautiful sight_ (sight / such / beautiful / a) as this.

해석 1. A: Kate, 나는 국어 숙제 때문에 정말 걱정돼. B: 그게 뭔데? A: 이 책을 읽고 이틀 안에 요약하는 것이야. 이 파랗고 두꺼운 영어책을 한 번 봐. B: 와, 상당히 두꺼운 책인걸. 그 책을 읽으려면 이틀 이상 걸리겠다.
2. 지난 겨울에 우리 가족은 동해에 가서 일몰을 봤다. 엄마는 "나는 이처럼 아름다운 광경을 본 적이 없어."라고 말씀하셨다.

C
1 형용사의 순서: 「지시+모양+색+출처」
• quite a+형용사+명사」 상당히/꽤 ~한
• summarize 요약하다
2 「such a+형용사+명사」
• coast 해안
• sunset 일몰

D 다음 우리말과 같은 뜻이 되도록 주어진 말을 바르게 배열하여 쓰시오.

1 너는 저기에 뭔가 이상한 것이 보이니?
(over / strange / there / do / anything / you / see)

→ _____ Do you see anything strange over there? _____

2 이것은 놓치기에는 너무 좋은 기회이다. (chance / lose / this / to / a / good / is / too)

→ _____ This is too good a chance to lose. _____

3 그 밧줄은 길이가 2미터이다. (rope / meters / the / two / long / is)

→ _____ The rope is two meters long. _____

D
1 -thing으로 끝나는 말은 형용사가 뒤에서 수식하며, 의문문에서는 something 대신 anything을 쓴다.
• over there 저기에
2 「too+형용사+a+명사」
• chance 기회
• lose 잃다
3 「수사+단위명사+형용사」
• rope 밧줄

EXERCISE

A 다음 문장의 ( ) 안에서 알맞은 말을 고르시오.

1 Joan has not a (few ✓, little) friends.

2 Bob drank (quite a little ✓, quite a few) juice last night.

3 I am willing to give my seat to (elderly, the elderly ✓).

4 She is fond (to, of ✓) swimming.

해석 1. Joan은 친구가 적지 않다. 2. Bob은 어젯밤에 꽤 많은 주스를 마셨다. 3. 나는 나의 좌석을 노인들에게 기꺼이 양보한다. 4. 그녀는 수영하는 것을 좋아한다.

B 다음 중 어색한 부분을 바르게 고쳐 문장을 다시 쓰시오.

1 Mary has only a little relatives in New York.
→ Mary has only a few relatives in New York.

2 Sandra saw quite a little actors when she went to the movies.
→ Sandra saw quite a few actors when she went to the movies.

3 All your problems are due with your negative attitude.
→ All your problems are due to your negative attitude.

해석 1. Mary는 뉴욕에 극히 소수의 친척이 있을 뿐이다. 2. Sandra는 극장에 갔을 때 꽤 많은 배우를 보았다. 3. 모든 문제는 너의 부정적인 태도에 달려 있다.

C 다음 대화의 빈칸에 알맞은 말을 〈보기〉에서 골라 쓰시오.

보기   apt to   worried about   different from   not a few   not a little

1 A I'm _worried about_ my future.
B Why? You're still young, and you're doing very well at school.
A I don't know what I would like to be in the future.
B Just do your best in everything.

2 A Congratulations on your twentieth birthday.
B Thank you so much. I feel so pleased because _not a few_ people remembered my birthday.
A Because you're popular.

해석 1. A: 나는 내 미래가 걱정된다. B: 왜? 너는 여전히 어려. 그리고 너는 학교에서 정말 잘 하고 있어. A: 난 내가 미래에 뭐가 되고 싶은지 모르겠어. B: 그저 매사에 최선을 다 하면 돼. 2. A: 너의 20번째 생일을 축하해. B: 정말 고마워. 많은 사람들이 내 생일을 기억해 줘서 난 정말 기뻐. A: 그건 네가 인기 있어서 그래.

D 다음 우리말과 같은 뜻이 되도록 주어진 말을 사용하여 영어로 쓰시오.

1 그가 몇 가지 제안을 해 주었다. (make, a, suggestions)
→ He made a few suggestions.

2 우리 학교는 다양한 동아리 활동으로 유명하다. (various club activities)
→ Our school is famous for various club activities.

3 Clare는 뉴욕에 갈 필요가 있다. (necessary, for, New York)
→ It is necessary for Clare to go to New York.

33 Unit 9

Page 18

01 다음 중 밑줄 친 부분의 쓰임이 〈보기〉와 같은 것을 모두 고르면? (2개)

보기 This is the backpack full of my clothes.

① I feel good.
② This cloth feels very smooth.
③ We heard a woman yelling.
✔④ This is the movie suitable for young children.
✔⑤ I have a car large enough for our family.

보기 및 ④, ⑤의 형용사는 명사를 뒤에서 직접 수식하고 있고, ①, ②, ③은 보어로 쓰이고 있다.
해석 이것은 내 옷이 가득 들어있는 배낭이야./① 난 기분이 좋아. ② 이 천은 아주 부드럽게 느껴져. ③ 우리는 한 여자가 소리지르는 것을 들었다. ④ 이것은 어린 아이들에게 적합한 영화이다. ⑤ 나는 우리 가족이 타기에 충분히 큰 자동차를 가지고 있다.

02 다음 중 밑줄 친 형용사의 쓰임이 어색한 것은?

① What are the main points?
② I felt so alone when she left.
③ All of their songs sound alike.
④ The novel is worth reading.
✔⑤ Don't laugh at the ashamed girl.

①은 명사 수식에만 쓰이는 형용사, ②, ③, ④는 보어로 쓰이는 형용사가 쓰이고 있다. ⑤에서 ashamed는 서술적 용법으로만 쓰이므로 girl이라는 명사를 수식할 수 없다.
• 「be worth+-ing」 ~할 가치가 있다
해석 ① 주제가 뭐야? ② 그녀가 떠났을 때 나는 무척 외로웠다. ③ 그들의 노래 모두 다 비슷하게 들려. ④ 그 소설은 읽을 가치가 있다.

03 다음 우리말과 같은 뜻이 되도록 할 때 빈칸에 알맞지 않은 것은?

나는 평생 동안 많은 어려움을 겪어 왔다.
→ I have gone through _____ trouble in my life.

① a lot of   ② lots of
③ quite a little   ✔④ many a
⑤ not a little

trouble은 추상명사이므로 셀 수 없는 명사를 수식하는 형용사나, 가산명사와 불가산명사 모두 수식할 수 있는 형용사를 써야 한다. many a 다음에는 가산명사의 단수형이 온다.
• go through 겪다

[4~6] 다음 중 어법상 어색한 문장을 고르시오.

04 ✔① Jason is so a clever boy.
② That is such a useless machine.
③ All the soldiers marched on the street.
④ That was quite a loud party.
⑤ Both brothers looked excited about the trip.

「so+형용사+a+명사」, 「such a+형용사+명사」, 「all the+복수 명사」, 「quite a+형용사+명사」, 「both+복수 명사」이므로 ①은 so clever a boy로 고쳐 써야 한다. / • useless 쓸모없는 • machine 기계 • march 행진하다
해석 ① Jason은 아주 영리한 소년이다. ② 저것은 정말 쓸모없는 기계다. ③ 군인 모두는 거리에서 행진을 했다. ④ 그것은 꽤 시끄러운 파티였다. ⑤ 남동생 둘 다 여행으로 흥분되어 보였다.

05 ✔① There are little passengers in the bus.
② Not a few people believe the news.
③ Lots of people have cell phones.
④ Sandra had plenty of sleep last week.
⑤ Few students attend the class.

① 셀 수 있는 명사를 수식하므로 little을 few로 고쳐 써야 한다.
해석 ① 버스에는 승객이 거의 없다. ② 적지 않은 사람들이 그 뉴스를 믿는다. ③ 많은 사람들이 휴대전화를 가지고 있다. ④ Sandra는 지난 주에 잠을 많이 잤다. ⑤ 수업에 출석한 학생은 거의 없다.

06 ① Look at those two large new buildings.
② These three nice pens are mine.
③ Those large red roses pleased the sick.
✔④ The only available room was expensive.
⑤ Sarah wants to have something delicious.

형용사가 여러 개일 때는 「all/both/such+지시/한정사+수량+주관적 판단+크기+모양+신/구+색+출처+재료」의 어순으로 쓴다.
④는 「the only+명사+-able/-ible로 끝나는 말」의 어순이므로 The only room available로 고쳐 써야 한다.
• please 기쁘게 하다 • available 이용 가능한 • expensive 비싼
해석 ① 저 새로 지어진 커다란 두 빌딩을 봐. ② 이 멋진 펜 세 개가 내 것이야. ③ 저 큰 빨간 장미들은 아픈 사람들을 즐겁게 했다. ④ 사용 가능한 유일한 방은 비쌌다. ⑤ Sarah는 맛있는 것을 먹고 싶다.

07 다음 중 어법상 어색한 표현을 찾아 바르게 고쳐 쓰시오.

A How deep is the pond?
B It is deep five feet.

____deep five feet____ → ____five feet deep____

「수사+단위명사+형용사」의 어순으로 나타낸다.
해석 A: 연못이 얼마나 깊나요? B: 5피트 깊이야.

08 다음 우리말을 영어로 바르게 옮긴 것은?

> 그는 체중을 줄일 필요가 있다.

① He is necessary to lose some weight.

✔ ② It is necessary for him to lose some weight.

③ He is necessary for him to lose some weight.

④ It is necessary to lose some weight.

⑤ It is necessary for him to losing some weight.

necessary는 사람을 주어로 쓸 수 없는 형용사이므로 it을 주어로 하고 「for+의미 상 주어+to부정사」로 표현한다.
• lose weight 체중이 줄다

[9~10] 다음 우리말과 같은 뜻이 되도록 주어진 말을 사용하여 영어로 쓰시오.

09

> 그는 영어에서 상당한 진전을 이루어 왔다.
> (has made, progress, in, quite)

→ _____ He has made quite a little progress in English.

• quite a litte은 '상당히 많은'이라는 뜻으로 뒤에 불가산명사가 온다.
• progress 진보, 진전

10

> 여름 내내 비가 거의 안 왔다.
> (had, all summer long)

→ _____ We had little rain all summer long.

'거의 ~ 않는'의 의미는 little/few인데 '비'는 불가산명사이므로 little로 수식한다.

해석 A: 너와 Jacob이 정말 똑같아 보여. 너희 형제인 게 확실해. 맞지? B: 맞아. Jacob이 형이야. A: 정말? 하지만 그가 너보다 더 어려보이는데.

11 다음 (A), (B)에 들어갈 말이 바르게 짝지어진 것은?

> A You and Jacob look really ___(A)___ .
>   It's certain that you are siblings. Right?
> B Yes. Jacob is my ___(B)___ brother.
> A Really? But he looks younger than you.

① same – elder   ② different – younger

③ same – younger   ④ different – elder

✔ ⑤ alike – elder

(A)는 '똑같아 보인다'라 뜻이 되기 위해 보어로 쓰일 수 있는 alike가 알맞고, (B)는 나이가 더 많은 형제이므로 '형제 사이에 손위'라는 뜻의 elder를 써야 한다.

[12~13] 다음 글을 읽고 물음에 답하시오.

> I always go to the park after dinner. I am ___(A)___ walking ① slowly there and enjoy seeing what others do. In the evening, there are always ② quite a little children in the park. They run and jump ③ happily with their parents. They look so ④ peaceful.

12 위 글의 빈칸 (A)에 '~하기를 좋아하다'는 의미가 되도록 알맞은 두 단어를 쓰시오.

→ _____ fond of

'~하기를 좋아하다'의 의미의 숙어는 be fond of이다.

해석 나는 늘 저녁 식사 후에 공원에 간다. 나는 거기서 천천히 걷고 다른 사람들이 뭘 하는지 보는 것을 좋아한다. 저녁에는 항상 적지 않은 아이들이 공원에 있다. 그들은 부모님과 함께 행복하게 달리고 뛴다. 그들은 정말 평화로워 보인다.

13 위 글의 밑줄 친 부분 중 어법상 어색한 것을 고르시오.

②

② quite a little은 불가산명사를 수식하는 말이다. 뒤에 복수 명사 children이 오므로 quite a few를 써야 한다.

[14~15] 다음 글을 읽고 물음에 답하시오.

> My best friend is totally ___(A)___ me. He tends to think too much before doing something. It always takes a lot of time for him to decide what to do and how to do it. On the other hand, I make haste in everything. For example, I have made ___(B)___ mistakes on my tests. I don't think too much about the questions. Though we're different, we like each other.

be different from ~와 다르다

14 위 글의 빈칸 (A)에 '~와 다르다'는 의미가 되도록 알맞은 두 단어를 쓰시오.

→ _____ different from

해석 나의 가장 친한 친구는 나와 전적으로 다르다. 그는 뭔가를 하기 전에 너무 많이 생각하는 경향이 있다. 그가 무엇을 해야 할지 어떻게 할지 결정하는 데에는 항상 많은 시간이 걸린다. 반면에 나는 매사에 서두른다. 예를 들어, 나는 시험에서 아주 많은 실수를 저질러 왔다. 나는 문제들에 대해 많이 생각하지 않는다. 비록 우리는 다르지만, 서로 좋아한다.

• decide 결정하다 • on the other hand 반면에 • make haste 서두르다

15 위 글의 내용상 빈칸 (B)에 가장 알맞은 말은?

① few   ② little

③ many a   ④ quite a little

✔ ⑤ a good many

내용상 실수를 많이 했다는 의미가 되어야 하므로 ⑤ 「a good many+복수 명사」가 정답이다. ③ 「many a+단수 명사」

LET'S DRILL

 다음 우리말과 같은 뜻이 되도록 주어진 말을 바르게 배열하여 쓰시오.

1 나는 크고 파란 이 가방이 좋아. (like / blue / bag / this / big / I)

→ _____ I like this big blue bag. _____

여러 개의 형용사가 쓰일 때의 순서는 「지시＋수량＋주관적 판단＋크기＋모양＋신/구＋색＋출처＋재료＋명사」이다.

2 상상할 수 있는 모든 해결책을 말해 봐. (the / imaginable / all / say / solutions)

→ _____ Say all the solutions imaginable. _____

all은 the 앞에 온다. -able, -ible로 끝나는 형용사는 명사 뒤에서 수식한다. / •imaginable 상상할 수 있는 •solution 해결책

3 중학교는 초등학교와 다르다. (middle school / different / elementary school / is / from)

→ _____ Middle school is different from elementary school. _____

be different from ~와 다르다

4 나는 새로운 사람들을 만나는 것을 좋아한다. (fond / meeting / people / am / of / new / I)

→ _____ I am fond of meeting new people. _____

be fond of ~을 좋아하다

5 내가 건강해지는 것이 중요하다. (healthy / for / it / me / become / is / important / to)

→ _____ It is important for me to become healthy. _____

important는 사람을 주어로 쓰지 않는 형용사이다.

6 나의 선생님은 우리에게 많은 숙제를 할 것을 요구하신다.

(homework / do / us / lots / my / to / teacher / requires / of)

→ _____ My teacher requires us to do lots of homework. _____

lots of = a lot of 많은
lots of는 가산명사와 불가산명사를 모두 수식할 수 있다.

B 다음 우리말과 같은 뜻이 되도록 빈칸에 알맞은 것을 고르시오.

1 이 강은 폭이 오백 미터이다.

This river is _____.

① wide five hundred meters ✔② five hundred meters wide

「수사＋단위명사＋형용사」

2 그 모든 소년들은 그 광경을 보고 웃었다.

_____ laughed at the sight.

① The all boys ✔② All the boys

「all＋the/지시형용사＋복수 명사」 / •sight 광경

3 청중들 중에는 몇몇의 젊은 사람들이 있었다.

There were _____ young people in the audience.

① a little ✔② a few

셀 수 있는 명사를 수식하는 형용사는 few이다. / •audience 청중

4 James는 그런 위치에 적절한 사람이다.

James was the _____ man for such a position.

✔① very ② only ③ mere

the very 바로 그 / •position 위치 •mere 단순한, 순진한

다음 중 <u>어색한</u> 부분을 바르게 고쳐 문장을 다시 쓰시오.

1 Did your dad tell you surprising anything?

→ _____ Did your dad tell you anything surprising? _____
-thing으로 끝나는 명사는 형용사가 뒤에서 수식한다.

2 This is so a useful tool.

→ _____ This is so useful a tool. / This is such a useful tool. _____
「so+형용사+a+명사」=「such+a+형용사+명사」 / •useful 유용한 •tool 도구

3 The sick has to be taken care of by others.

→ _____ The sick have to be taken care of by others. _____
「the+형용사」는 복수 보통명사가 된다.

4 Look at two those new large buildings.

→ _____ Look at those two large new buildings. _____
여러 개의 형용사가 쓰일 때의 순서는 「지시+수량+주관적 판단+크기+모양+신/구+색+출처+재료+명사」이다.

다음 중 어법상 <u>어색한</u> 문장을 고르시오.

1 ✔① I have many a friends.

② We had only a little snow this winter.
① many a+단수 명사, many+복수 명사

2 ① He is a former president of America.

✔② The afraid boy ran away from the dog.
② afraid는 명사를 수식할 수 없고, 보어로 쓰인다. / •former 이전의

다음 우리말과 같은 뜻이 되도록 빈칸에 알맞은 말을 쓰시오.

1 활동적인 사람들은 늘 새로운 뭔가를 하려고 노력한다.

Active people always try to do ____something____ ____new____ .
-thing으로 끝나는 명사는 형용사가 뒤에서 수식한다.

2 우리는 가난한 사람들을 도와줄 것이다.

We will help ____the____ ____poor____ .
「the+형용사」 → 복수 보통명사

3 James는 농구를 잘한다.

James is ____good____ ____at____ playing basketball.
be good at ~을 잘한다

4 Megan은 요리하는 데에 익숙하다.

Megan is ____familiar____ ____with____ cooking.
be familiar with ~에 익숙하다

5 TV에 광고가 꽤 많다.

There are ____quite____ a ____few____ commercials on TV.
quite a few 꽤 많은 / •commercial 광고

01 다음 중 밑줄 친 부분이 미래를 나타내는 표현이 <u>아닌</u> 것은?

① Richard <u>is visiting</u> England next month.

② We're <u>having</u> a party tomorrow evening.

✔③ My little brother <u>is taking</u> a shower.

④ I <u>am meeting</u> her at seven tomorrow.

⑤ I am <u>leaving</u> in twenty minutes.

①, ②, ④, ⑤는 현재진행형이 미래를 나타내는 부사구과 함께 쓰여 가까운 미래를 나타낸다. ③은 현재 진행 중인 일을 나타내는 현재진행형 시제이다.

02 다음 두 문장을 한 문장으로 바꿀 때 알맞은 것은?

> It started to snow when my son left home. It's still snowing now.

① It is snowing now since my son left home.

② It was snowing since my son left home.

✔③ It has been snowing since my son left home.

④ It had been snowing since my son left home.

⑤ It will have snowed since my son left home.

과거의 한 시점에 시작되어 지금도 계속되는 일이므로 현재완료진행 시제로 나타내며, 주어가 It이므로 「has been + -ing」로 나타낸다.

know, be, have, resemble, stand 등의 상태를 나타내는 동사는 진행형으로 나타낼 수 없다. have는 '소유하다'는 의미일 때는 진행형으로 쓸 수 없지만, '먹다'의 의미일 때는 진행형이 가능하다.
① is knowing → knows ② being 삭제
③ is standing → stands ⑤ am resembling → resemble
• stand for 나타내다, 의미하다 • resemble 닮다

03 다음 중 어법상 올바른 문장은?

① Erica is knowing my phone number.

② He is usually being nice to me.

③ UN is standing for United Nations.

✔④ Meggy is having a piece of cake.

⑤ I am resembling my father a lot.

04 다음 중 어법상 어색한 문장은?

① I looked the upper part of the shelf.

② Don Solleder is the very person I've been looking for.

③ My two brothers are really alike, but I'm not.

✔④ There was an asleep child in the bus this morning.

⑤ Donna felt ashamed of her rude behavior.

④의 asleep은 주어나 목적어를 설명하는 서술적 용법으로 사용되며 명사를 수식하는 한정적 용법으로는 쓰지 않는다.
an asleep child → a sleeping child

05 다음 문장의 빈칸에 들어갈 말로 알맞지 <u>않은</u> 것은?

> I haven't seen him _____.

① lately   ② before

③ for a long time   ④ since last Sunday

✔⑤ the day before yesterday

⑤는 '그저께' 라는 뜻으로, 확실한 과거를 나타내므로 과거 시제 문장에만 쓸 수 있다.

[6~7] 다음 우리말과 같은 뜻이 되도록 빈칸에 알맞은 말을 쓰시오.

06

> Maria는 젊었을 때 미인이었다.

→ Maria was ___a___ ___beauty___ when young.

추상명사의 명사화로 '미' 가 아닌 '미인'을 의미하므로 부정관사를 앞에 쓴다.

07

> 내가 이 기사를 한 번 더 읽으면 네 번 읽는 것이 될 것이다.

→ If I read this article once more, I ___will___ ___have___ ___read___ it four times.

미래의 한 시점을 기준으로 완료되는 일을 나타낼 때는 미래완료 시제인 will have p.p.를 쓴다.

08 다음 주어진 말을 바르게 배열하여 문장을 다시 쓰시오.

> Look at (old / that / English / silver-colored) car!

→ _____ Look at that old silver-colored English car! _____

여러 개의 형용사가 명사를 수식할 때는 일정한 어순을 따른다.
이 경우 「지시사＋신／구＋색＋출처」의 어순으로 쓴다.

09 다음 글의 빈칸에 들어갈 말로 알맞지 <u>않은</u> 것은?

> For the last few decades, our national wealth has increased *remarkably. However, there still remains those who need _____ help from you.
>
> * remarkably 현저하게, 매우

① plenty of
② lots of
③ a lot of
④ a great deal of
✔⑤ a good number of

help는 셀 수 없는 추상명사이므로 셀 수 있는 명사만 수식하는 ⑤는 쓸 수 없다.

해석 지난 몇십 년 동안, 우리의 국가적 부는 현저하게 증가했다. 그러나 여전히 여러분으로부터 많은 도움을 필요로 하는 사람들이 남아 있다.
・decade 10년 ・wealth 부 ・increase 증가하다 ・remain 남아 있다

① 과거 시제이므로 before → ago ② love는 진행형이 불가능하다. (is loving → loves) ③ 현재형이 미래를 나타내는 부사구와 함께 쓰여서 미래를 대신한다. ④ 현재완료진행 시제이므로 명백하게 과거를 나타내는 부사와 쓰일 수 없다. (have been thinking → thought) ⑤ next Monday로 보아 미래의 일이므로 미래 시제를 써야 한다. (were going to → are going to)

10 다음 중 어법상 올바른 문장은?

① I saw this picture two months before.
② He is loving you so much.
✔③ He is leaving here next Friday.
④ I have been thinking about changing my hairstyle yesterday.
⑤ We were going to visit the Louvre next Monday.

11 다음 빈칸에 had가 들어갈 수 <u>없는</u> 문장은?

① I found that they _____ painted the house red.
✔② After he took medicine, he _____ felt better.
③ I was upset because she _____ not telephoned.
④ My uncle _____ worked for three different companies when I was sixteen years old.
⑤ When we got to the concert hall, we found that all the tickets _____ been sold.

② 약을 먹고 나서 기분이 좋아진 것이므로 과거완료는 쓸 수 없다.
・upset 화가 난 ・telephone 전화를 하다 ・be sold 팔리다

12 다음 밑줄 친 동사의 시제를 바르게 고쳐 쓰시오.

> I wonder whether he <u>comes</u> back or not.

→ _____ will come _____

whether 이하는 명사절이므로 미래 시제를 쓴다.

① 명사 pen이 관계사절에 의해 수식을 받으므로 the를 앞에 써야 한다.
② by+교통수단 ③ 고유명사 앞에 관사를 쓸 수 없다. ④ play+운동경기
cf. play the+악기 이름 ⑤ 방과 후 after school

13 다음 빈칸에 the가 필요한 문장은?

✔① _____ pen that I have lost was an expensive one.
② She went to the library by _____ bus.
③ This is my friend, _____ Koby Miller.
④ Jeffrey plays _____ table tennis very well.
⑤ After _____ school, I will stay in my classroom.

14 어법상 <u>어색한</u> 부분을 찾아 바르게 고쳐 쓰시오.

> We learned that the moon moved round the earth.

_____moved_____ → _____moves_____

불변의 진리는 항상 현재 시제로 나타낸다.

15 다음 밑줄 친 부정관사의 의미가 〈보기〉와 같은 것을 <u>모두</u> 고르면? (2개)

> 보기 My heart beats sixty times <u>a</u> minute.

① <u>A</u> dog is a faithful animal.
② <u>A</u> cute girl asked me the way to the station.
✔③ He takes tennis lessons twice <u>a</u> week.
✔④ We have to sleep eight hours <u>a</u> day to keep our health.
⑤ <u>A</u> strange-looking man came to see you.

〈보기〉내 심장은 1분에 60번 박동한다. – per의 뜻(~당, ~마다)
① 종족 대표 ②,⑤ certain의 뜻 – 어떤 ③,④ per의 뜻 – ~당, ~마다

해설 요즘 우리는 우리의 역사를 매우 잘 모른다. 더구나, 우리는 우리의 언어인 한국어를 소홀히 하기 쉽다. 그러나, 우리는 우리 민족의 정체성과 연관된 것을 연구하는 데에 관심을 집중해야 한다. 다시 말해서 우리는 우리 역사와 언어에 많은 관심을 가져야 한다.

16 다음 글의 내용상 빈칸에 알맞은 말은?

> Nowadays we don't know our history very well. Moreover, we _____ neglect our language, Korean. However, we have to focus on studying the things related to our people's identification. In other words, we should have lots of concern for our history and language.

① are ready to   ② are good at
✔③ are likely to   ④ are due to
⑤ be anxious to

be likely to ~하기 쉽다 / •neglect 소홀히 하다 •focus on 집중하다
•related 연관된 •identification 정체성 •in other words 다른 말로 말하면
•concern 관심

[17~18] 다음 글을 읽고 물음에 답하시오.

> On Sunday I had to do very difficult homework. But our house was very noisy because of the two little brothers. So I went to the library. When I arrived at the library, I found that I ____(A)____ my book at school. I had to (B) <u>go to school</u> to get it.

17 위 글의 빈칸 (A)에 들어갈 leave의 알맞은 형태는?

① left   ② leave   ③ will leave
④ have left   ✔⑤ had left

주절의 동사 시제보다 더 먼저 일어난 일이므로 과거완료로 쓴다.

해설 일요일에 나는 아주 어려운 숙제를 해야 했다. 그러나 우리 집은 두 남동생들 때문에 아주 소란스러웠다. 그래서 나는 도서관에 갔다. 도서관에 도착했을 때 나는 내가 책을 학교에 두고 온 것을 알았다. 나는 책을 가지러 학교에 가야만 했다.

18 위 글의 밑줄 친 (B)를 바르게 고쳐 쓰시오.

→ _____go to the school_____

학교에 수업 받으러 가는 경우는 go to school, 그 외의 목적으로 가는 경우는 go to the school이다.

[19~20] 다음 대화를 읽고 물음에 답하시오.

> A What is Sarah doing?
> B She ____(A)____ since she came back from school.
> A She might have argued with friends.
> B I have to ask her when she (B) <u>will get up</u>.

19 위 글의 밑줄 친 (A)가 '돌아와서부터 계속 자고 있다'는 뜻이 되도록 할 때 sleep의 알맞은 형태는?

① is sleeping   ② was sleeping
③ will be sleeping ✔④ has been sleeping
⑤ had been sleeping

학교에서 돌아온 시점부터 지금까지 계속 자고 있다는 의미가 되려면 현재완료진행시제인 「has been+-ing」가 되어야 한다.

해설 A: Sarah는 뭐 하고 있지? B: 학교에서 돌아와서부터 계속 자고 있는 중이야. A: 아마 친구들이랑 말다툼했나 보군. B: Sarah가 일어나면 물어봐야겠어.
•argue 말다툼하다, 논쟁하다

20 위 글의 밑줄 친 (B)를 알맞은 형태로 고쳐 쓰시오.

→ _____gets up_____

when절이 시간의 부사절이므로 현재 시제가 미래를 대신한다.

WRITING  TIME

A Translate the Korean sentences into English using the given words.

1 이렇게 넓은 경기장을 전에 본 적이 없다. (see, such, large, stadium, before)

→ _____ I have never seen such a large stadium before. _____

• have never seen 본 적이 없다 • such a + 형용사 + 명사

2 대부분의 사람들은 폭력에 반대한다. (most, against, violence)

→ _____ Most people are against violence. _____

people은 항상 복수 취급한다.

3 로마는 하루에 이루어지지 않았다. (Rome, build, in a day)

→ _____ Rome was not built in a day. _____

부정관사가 one의 의미를 갖고 있다.

4 젊은 사람들은 노인들의 지혜를 배운다. (young, wisdom, old)

→ _____ The young learn the wisdom of the old. _____

「the + 형용사」는 복수 보통명사이다.

5 John은 그런 행동을 하는 것을 부끄러워하니? (ashamed, do, such, behavior)

→ _____ Is John ashamed of doing such a behavior? _____

「be ashamed of ~」 ~하는 것을 부끄러워하다

6 나는 새로운 어떤 것을 해보고 싶다. (do, something)

→ _____ I want to do something new. _____

-thing으로 끝나는 단어는 뒤에서 수식한다.

B 다음 글을 읽고 자신을 주인공으로 가정하여 아래 질문에 완전한 문장으로 답하시오.

I have been pretty busy. There have been so many things happening since March. I have become a semi-artist. Now I go to a big art school in Paris. I'm attending a famous art school in Paris. My house is still messy. It hasn't been put in order yet. The surroundings are totally different. There are cars and buildings instead of lakes and trees.

1 How have you been recently?

→ _____ I have been pretty busy lately. _____

2 What has happened to you?

→ _____ I have become an amateur artist, and I'm attending a famous art school in Paris. _____

3 What can you see around your house?

→ _____ I can see cars and buildings instead of lakes and trees. _____

4 Has your house been put in order yet?

→ _____ No, it hasn't. It hasn't been put in order yet. _____

해석 1. 당신은 최근에 어떻게 지내고 있나요? – 저는 요새 아주 바쁘게 지낸답니다. 2. 당신에게 어떤 일이 벌어지고 있나요? – 저는 아마추어 화가가 되어서 파리에 있는 유명한 학교에 다니고 있습니다. 3. 당신의 집 근처에서 무엇을 볼 수 있습니까? – 호수와 나무들 대신에 건물과 자동차들을 볼 수 있습니다. 4. 당신의 집은 벌써 정돈이 다 되었나요? – 아니요, 아직 정돈되지 않았습니다.

EXERCISE

A 다음 문장의 ( ) 안에서 알맞은 것을 고르시오.

1 They ran a marathon. They (should, ✓must) be exhausted.

2 I begged him many times, but he (won't, ✓wouldn't) listen to me.

3 (✓May, Should) God bless you and your family!

4 You (✓ought not to, ought to not) behave in such an impolite way.

> 해석 1. 그들은 마라톤을 뛰었다. 그들은 지쳤음에 틀림없다. 2. 나는 그에게 여러 번 간청했지만, 그는 내 말을 들으려고 하지 않았다. 3. 너와 네 가족에게 신의 축복이 있기를! 4. 너는 그런 무례한 방법으로 행동해서는 안 돼.

A

1 must ~임에 틀림없다
 • exhausted 지친
2 과거 시제이므로, 과거의 고집이 나 의지를 나타내는 wouldn't가 어울린다.
3 '~하기를!'이라는 의미의 기원 문에는 조동사 may를 문장의 맨 앞에 써서 나타낸다.
4 ought to의 부정은 ought not to이다.
 • behave 행동하다
 • impolite 버릇없는, 무례한 (↔ polite)

B 다음 두 문장이 같은 뜻이 되도록 빈칸에 알맞은 말을 쓰시오.

1 I'm sure that they are satisfied with the result.

→ They ___must___ ___be___ satisfied with the result.

2 I pray that the couple will live happily ever after.

→ ___May___ the couple ___live___ happily ever after!

3 It is possible that we will have a financial problem.

→ We ___may[might]___ ___have___ a financial problem.

4 It was impossible for us to reach the place on time.

→ We ___couldn't___ ___reach___ the place on time.

> 해석 1. 나는 그들이 결과에 만족하리라 확신해. 2. 나는 그 부부가 앞으로 행복하게 살기를 기도해. 3. 우리는 재정적인 문제가 있을 수 있어. 4. 우리가 제시간에 그 장소에 도착하는 것은 불가능했다.

B

1 현재의 강한 긍정적 추측은 must 로 쓴다.
 • be satisfied with ~에 만족하다
 • result 결과
2 pray는 '기도하다'의 뜻이므로, 기 원문을 이끄는 may를 써야 한다.
3 possible은 '가능한'의 의미로, '~할지도 모른다'라는 뜻의 약한 추측을 나타내는 may나 might와 그 의미가 유사하다.
 • financial 재정적인
4 impossible은 '불가능한'의 의미 로 과거에 할 수 없었던 일을 나타 내므로, couldn't로 쓴다.
 • on time 시간에 맞게, 정각에

C 다음 대화의 빈칸에 알맞은 말을 쓰시오.

1 A ___Can[Could/Will/Would]___ you do me a favor?

  B Of course. What is it?

2 A ___Must[Should]___ I attend the meeting?

  B No, you don't have to.

3 A What does the sign say?

  B It says we ___must[should]___ not smoke in the room.

> 해석 1. A: 너 내 부탁을 들어줄 수 있니? B: 물론이지, 뭔데? 2. A: 내가 모임에 참석해야 하나요? B: 아뇨, 그럴 필요는 없어요. 3. A: 표지판에 뭐라고 써 있나요? B: 방에서 담배 피우면 안 된다고 써 있어요.

C

1 상대방에게 부탁할 때에는 Can [Will] you do me a favor?라고 말하고, 좀 더 정중하게 말할 때는 can[will]을 과거형인 could[would]로 바꿔 쓴다.
 • 「do+사람+a favor」 ~의 청을 들어주다
2 대답인 you don't have to로 보 아, 빈칸에는 의무를 나타내는 must 또는 should가 알맞다.
3 표지판에서 '금연'이라는 것은 금지 를 나타내는 것이므로, 강한 금지를 나타내는 must not이나 도덕적인 의무의 금지를 나타내는 should not이 되어야 한다.

D 다음 우리말과 같은 뜻이 되도록 빈칸에 알맞은 말을 쓰시오.

1 그는 너무 멀리 있어서, 우리는 그를 볼 수 없었다.

→ He was so far away that we ___couldn't___ ___see___ ___him___ .

2 너는 그렇게 무례한 말을 해서는 안 된다.

→ You ___ought___ ___not___ ___to___ say such a rude thing.

3 그는 우리들이 소풍을 가야 한다고 주장했다.

→ He insisted that ___we___ ___should___ ___go___ on a picnic.

D

1 과거에 불가능한 일은 can't의 과 거형인 couldn't로 나타낸다.
2 의무를 나타내는 ought to의 부정 형은 ought not to이다.
 • rude 무례한
3 insist가 이끄는 that절에는 주어 다음에 should가 오며, 생략되기 도 한다.
 • insist 주장하다

A 다음 문장의 ( ) 안에서 알맞은 것을 고르시오.

1 Smoking is bad for your health. You (had better ✓, would) quit.

2 I used to (read ✓, reading) romantic novels when I was young.

3 We did everything for you. How (need, dare ✓) you do this to us?

4 Most children in the past (used to ✓, were used to) walk to school for a long time.

> 해석 1. 담배 피우는 것은 너의 건강에 좋지 않아. 너는 끊는 것이 좋겠어. 2. 나는 어렸을 때 연애 소설을 읽곤 했다. 3. 우리는 너를 위해 모든 것을 했어. 네가 감히 우리에게 이런 일을 할 수 있니? 4. 과거의 어린이들은 오랜 시간 동안 학교에 걸어가곤 했다.

A
1 '~하는 것이 좋겠다'라는 의미로, had better가 와야 한다.
• be bad for ~에 나쁘다
2 used to는 조동사이므로, 뒤에 동사원형이 온다.
• romantic novel 연애 소설
3 need는 '~할 필요가 있다'의 의미이고, dare는 '감히 ~하다'는 뜻이므로, 문장의 내용상 dare가 알맞다.
4 '~하곤 했다'라는 의미의 과거의 습관을 나타낼 때에는 used to를 쓴다.

B 다음 두 문장이 같은 뜻이 되도록 빈칸에 알맞은 조동사를 쓰시오.

1 Sandy doesn't have to worry about the exam.
→ Sandy ___need___ ___not___ worry about the exam.

2 I will choose to die before I live in disgrace.
→ I ___would___ ___rather___ die than live in disgrace.

3 We were crazy about hip hop music, but now we aren't.
→ We ___used___ ___to___ ___be___ crazy about hip hop music.

> 해석 1. Sandy는 시험에 대해 걱정할 필요가 없다. 2. 나는 불명예스럽게 사느니 차라리 죽음을 택하겠다. 3. 우리는 힙합 음악에 열광했었지만, 지금은 아니다.

B
1 don't have to는 '~할 필요가 없다'라는 의미로, need not과 뜻이 같다.
2 '차라리 ~하겠다'라는 would rather A than B가 적절하다.
• disgrace 불명예
3 예전에는 그랬지만, 지금은 더 이상 그렇지 않은 상태를 나타낼 때 「used to+동사원형」을 사용한다.
• crazy 열광하는

C 다음 대화의 빈칸에 알맞은 조동사를 쓰시오.

1 A What's your favorite food?
B I ___used___ ___to___ like western food, but now I like Korean food.

2 A Do I have to memorize all the sentences?
B No, you ___need___ not. It is not necessary at all.

3 A Let's accept his proposal.
B No, I ___would___ ___rather___ do it my way than accept it.

> 해석 1. A: 네가 가장 좋아하는 음식이 뭐니? B: 나는 서양 음식을 좋아했었지만, 지금은 한국 음식이 좋아. 2. A: 제가 모든 문장을 다 기억해야 하나요? B: 아니, 그럴 필요 없어. 그건 전혀 불필요해. 3. A: 그의 제안을 받아들이자. B: 아니, 그것을 받아들이는 것보다 차라리 내 방식대로 하는 게 낫겠어.

C
1 예전에는 그랬지만, 현재는 더 이상 그렇지 않은 상태를 used to로 나타낸다.
2 '~할 필요가 없다'는 need를 쓴다.
• necessary 필요한
3 '차라리 ~하겠다'라는 would rather가 알맞다.
• proposal 제안
• accept 받아들이다

D 다음 우리말과 같은 뜻이 되도록 빈칸에 알맞은 말을 쓰시오.

1 너는 네 의견을 주장하지 않는 게 좋겠다.
→ You'd ___better___ ___not___ insist on your opinion.

2 예전에 이 주변에 큰 호수가 있었다.
→ There ___used___ ___to___ ___be___ a big lake around here.

3 내 여동생은 감히 그런 짓 못해.
→ My little sister ___dare___ not do such a thing.

D
1 had better의 부정은 「had better not+동사원형」이다.
• insist 주장하다
• opinion 의견
2 과거의 일시적 상태를 나타낼 때는 「used to+동사원형」으로 나타낸다.
3 '감히 ~ 못하다'는 dare not으로 표현한다.

A 다음 문장의 ( ) 안에서 알맞은 것을 고르시오.

1 You missed a great scene. You (should ✓, must) have seen it.

2 Ben didn't answer the door. He (may ✓, should) have been asleep.

3 Tiffany is honest. She (must, cannot ✓) have stolen the jewelry.

4 We got there very late. We (might, ought to ✓) have taken the subway.

> 해석 1. 너는 멋진 장면을 놓쳤어. 네가 그것을 봤어야 했는데. 2. Ben은 (두드리는) 문에 응답하지 않았다. 그는 아마도 잠들었을 거다. 3. Tiffany는 정직해. 그녀가 그 보석을 훔쳤을 리가 없어. 4. 우리는 그곳에 매우 늦게 도착했다. 우리는 지하철을 탔어야 했다.

A

1 should have p.p.는 과거의 후회나 유감을 나타내며 '~했어야 했는데'라는 뜻이다. / •scene 장면

2 may have p.p.는 과거의 추측을 나타내며 '~이었을지도 모른다'라는 의미이다.

3 cannot have p.p.는 과거의 부정적인 강한 추측을 나타내며 '~이었을 리가 없다'라는 뜻으로 쓰인다. •jewelry 보석

4 ought to have p.p.는 과거의 후회나 유감을 나타내며 '~했어야 했는데'라는 의미를 나타낸다.

B 다음 두 문장의 뜻이 같도록 빈칸에 알맞은 말을 쓰시오.

1 What do you want to do right now?

→ What would you ___like___ ___to___ do right now?

2 You'd better buy what you need.

→ You ___may___ ___as___ ___well___ buy what you need.

3 You ought not to have behaved like that.

→ You ___should___ ___not___ ___have___ ___behaved___ like that.

> 해석 1. 너는 지금 당장 무엇을 하고 싶니? 2. 네가 필요한 것을 사는 게 낫겠어. 3. 네가 그렇게 행동하지 말았어야 했어.

B

1 want to는 '~을 하고 싶다'의 의미로 would like to 또는 「feel like+-ing」로 바꿔 쓸 수 있다.

2 had better는 '~하는 것이 더 좋겠다'의 의미로 may as well로 바꿔 쓸 수 있다.

3 ought not to have p.p. = should not have p.p. (~하지 말았어야 했다) •behave 행동하다

C 다음 대화의 빈칸에 알맞은 조동사를 쓰시오.

1 A Hurry up! You are late for school.

B Oh, I ___should___ ___have___ got up earlier.

2 A You know what? Anne entered the Harvard!

B I heard that, too. She ___must___ ___have___ studied hard.

3 A The food was horrible at the party last night.

B That's right. I ___would___ ___rather___ ___have___ starved to death.

> 해석 1. A: 서둘러! 학교에 늦었어. B: 오, 좀 더 일찍 일어났어야 했는데. 2. A: 너 그거 알아? Anne이 하버드에 입학했대. B: 나도 들었어. 그녀가 공부를 열심히 한 게 틀림없어. 3. A: 어젯밤 파티에서 음식이 형편없었어. B: 맞아. 차라리 굶어 죽는 게 나을 뻔했어.

C

1 should have p.p.는 '~했어야 했는데'라는 후회를 나타낸다.

2 하버드에 들어갔다는 것은 과거에 공부를 열심히 했다는 것이 확실하므로, must have p.p.를 사용하는 것이 가장 알맞다.

3 '음식이 너무 형편없어서, 차라리 굶어 죽는 것이 나았었다'라는 의미로 would rather have p.p.의 표현을 사용하면 된다. •horrible 끔찍한 •starve to death 굶어 죽다

D 다음 우리말과 같은 뜻이 되도록 빈칸에 알맞은 말을 쓰시오.

1 Eddie는 그때 나타나지 말았어야 했다. (appear)

→ Eddie ___should___ ___not___ ___have___ ___appeared___ then.

2 Kelly는 창백하다. 그녀는 아팠었음에 틀림없다.

→ Kelly is pale. She ___must___ ___have___ ___been___ sick.

3 Jenny는 빈털터리다. 그렇게 비싼 원피스를 샀을 리가 없다.

→ Jenny is broke. She ___cannot___ ___have___ ___bought___ such an expensive dress.

D

1 should not have p.p.는 과거의 후회나 유감을 나타내며, '~하지 말았어야 했는데'의 뜻이다. •appear 나타나다

2 must have p.p.는 과거의 강한 추측을 나타내며, '~했음에 틀림없다'라는 뜻이다.

3 cannot have p.p.는 과거의 부정적인 강한 추측을 나타내며, '~했을 리가 없다'의 의미이다. •broke 파산한, 빈털터리의 •expensive 비싼

01 다음 문장의 빈칸에 알맞은 말은?

> When he was young, he _____ sit for hours without a word.

① might   ✔② would   ③ should

④ may   ⑤ will

과거의 습관을 나타내는 것은 would이다.

해석 그는 어렸을 때 아무 말 없이 몇 시간 동안 앉아 있곤 했다.

02 다음 문장의 빈칸에 공통으로 알맞은 말은?

> • I think all children _____ obey their parents.
> • I suggest that we _____ clean our classroom ourselves.

① might   ② could   ③ would

✔④ should   ⑤ had to

조동사 should는 '의무'를 나타내거나, suggest, demand, recommend, insist 등이 이끄는 that절에 쓰인다.

해석 • 나는 모든 어린이는 부모님 말씀에 순종해야 한다고 생각한다. / • 나는 우리 교실을 우리가 직접 청소할 것을 제안한다.

03 다음 두 문장이 같은 뜻이 되도록 할 때, 빈칸에 알맞은 말을 쓰시오.

> Jimmy once lived in a dormitory, but not anymore. Jimmy는 한때 기숙사에 살았지만, 지금은 더 이상 아니다.

→ Jimmy _____used_____ ____to____ _____live_____ in a dormitory.

과거 한때의 상태가 더 이상 이어지지 않을 때 '예전에는 ~였다'라는 뜻으로 「used to + 동사원형」으로 나타낼 수 있다. / • dormitory 기숙사

04 다음 문장 뒤에 이어지는 말로 자연스러운 것은?

> Brian knows everything about our secret. Brian은 우리의 비밀에 대해 모든 것을 알고 있다.

① He must overhear us.

✔② He must have overheard us.

③ He can't have overheard us.

④ He could have overheard us.

⑤ He should have overheard us.

Brian이 우리 비밀을 모두 알고 있다는 내용으로 보아, 우리가 말하는 것을 모두 엿들었음에 분명하다는 의미의 문장이 이어져야 한다. 과거의 강한 추측은 must have p.p.의 형태로 나타내야 한다. / • overhear 엿듣다

05 다음 중 어법상 어색한 문장은?

① Look at the sky. It might snow soon.

② I'd rather starve than eat such food.

③ You'd better not wear a mini skirt.

✔④ We ought to not make fun of others.

⑤ How dare he say such a thing to you?

④ ought to는 의무를 나타내는 조동사로 '당연히 ~해야 한다'의 의미이며, 부정형은 「ought not to + 동사원형」이다.
• make fun of ~을 놀리다

06 다음 우리말과 같은 뜻이 되도록 빈칸에 알맞은 말을 쓰시오.

> 그의 콘서트는 정말 멋졌어. 너도 왔어야 했는데.

→ His concert was great. You ___should___ ___have___ ___come___ .

'~했어야 했는데'라는 뜻으로 과거에 이루지 못한 일에 대한 후회나 유감을 나타내는 것은 should have p.p. 또는 ought to have p.p.이다.

07 다음 밑줄 친 부분 중 어법상 어색한 것은?

① I couldn't help <u>laughing</u> loudly.

② What would you like <u>to be</u>?

✔③ He may as well <u>not</u> go there.

④ You need not have <u>made</u> haste.

⑤ Amy <u>doesn't</u> have to attend the meeting.

③ may as well은 '~하는 게 좋겠다'라는 뜻의 조동사로, 부정문은 may 뒤에 not을 쓴다. / • make haste 서두르다

08 다음 우리말을 영어로 잘못 옮긴 것은?

① 우리는 건강에 대해 아무리 조심해도 지나치지 않아.
→ We cannot be too careful about our health.

② 예전에는 여기에 커다란 감옥이 있었다.
→ There used to be a large prison here.

✔③ 그가 아들을 자랑스러워하는 것도 당연해.
→ He may as well be proud of his son.

④ 너는 거기에 혼자 가는 게 더 낫겠어.
→ You had better go there alone.

⑤ 나는 너와 결혼하느니 차라리 혼자 살겠다.
→ I would rather live alone than marry you.

③ '~하는 것도 당연하다'는 may well이다. may as well은 '~하는 것이 더 낫겠다'라는 의미로, had better와 바꿔 쓸 수 있는 표현이다.

B는 Darren의 절도를 믿지 않고, 잘못된 것이라고 말했으므로, '그가 그런 짓을 했을 리 없다' 라는 의미의 부정적 강한 추측을 나타내는 cannot have p.p.의 형태를 이용한 문장이 와야 한다. / ·arrest 체포하다 ·theft 절도 ·Nonsense 말도 안 돼.

09 다음 대화의 빈칸에 가장 알맞은 말은?

> A You know what? Darren was arrested for theft yesterday.
> B Nonsense! Something's wrong. He _____ such a thing.

① could not do ✔② cannot have done
③ must have done ④ should have done
⑤ might have done

해석 A: 너 그거 아니? Darren이 어제 절도죄로 체포되었어. B: 말도 안 돼! 뭔가 잘못되었어. 그가 그런 일을 했을 리가 없어.

10 다음 문장의 빈칸에 공통으로 알맞은 말을 쓰시오.

> · May[Might] I borrow your calculator?
> · He didn't attend the meeting.
>   He may[might] have been sick.

허락이나 추측을 동시에 나타낼 수 있는 조동사는 may이며, 이를 좀 더 정중하게 표현하려면 might로 나타낼 수도 있다. 과거의 약한 추측은 may[might] have p.p.를 쓴다. / ·calculator 계산기

11 다음 글의 밑줄 친 부분 중 의미상 어색한 것은?

> Here you choose what you ① would like to buy, then take it to the person at the counter. He or she ② may *ring it up on the machine, and ③ won't tell you how much it is. All you ④ have to do is to give him or her the money he or she ⑤ will ask for, and pack your purchases into a box or a bag. * ring up (금전 등록기를 찍고 울려) 매상을 기록하다

③ 계산원은 기계로 물건값을 계산한 다음, 얼마인지를 알려줄 것이므로, 긍정의 표현인 will을 사용해야 한다.

12 다음 글의 빈칸에 조동사를 이용해서 알맞은 말을 쓰시오.

> People have made up a lot of stories about rainbows. One of them is that each color in a rainbow has a meaning. If the red color is the biggest, for example, it means warm weather. Green color means a good harvest. It was very warm yesterday. Then, the red color must have been the biggest in the rainbow.

'~였음이 틀림없다' 라는 내용이 되어야 하므로 must have p.p.의 형태가 가장 알맞다.

나머지는 미래 일의 예측이므로 will이 오지만, ②번에는 미래 자동차의 장점으로 인해 '운전자가 시간을 낭비하지 않을 것' 이라는 뜻이 되어야 하므로, won't나 will not이 알맞다. / ·traffic 교통량 ·traffic jam 교통체증 ·pollution 오염

13 다음 글의 빈칸에 들어갈 말이 다른 하나는?

> The idea of a car that knows where to go may seem impossible. However, new technology may soon make this possible. Cars ① have computers to tell drivers which roads have the least traffic. That way the driver ✔② waste time in traffic jams. There ③ also be less pollution because the car engines ④ run less. These news cars ⑤ be known as "smart cars."

해석 어디로 갈지 아는 자동차에 대한 아이디어는 불가능한 것처럼 보일지 모른다. 하지만, 새로운 기술은 이것을 곧 가능하게 만들지 모른다. 자동차들은 어느 도로가 가장 교통량이 적은지를 운전자들에게 말해 주기 위해 컴퓨터를 가질 것이다. 그런 방식으로 운전자들은 교통체증으로 시간을 낭비하지 않을 것이다. 또한 자동차의 엔진이 덜 작동하기 때문에 오염도 덜할 것이다. 이 새로운 자동차는 'smart cars' 라고 알려질 것이다.

해석 여기에서 여러분은 사고 싶은 것을 고르고 계산대에 있는 사람에게 가져간다. 그 또는 그녀는 기계로 계산할 것이고, 여러분에게 얼마인지 알려줄 것이다. 여러분이 해야 할 모든 것은 그 또는 그녀가 요청한 돈을 주고, 산 것을 포장하여 박스나 가방에 넣는 것이다.

[14~15] 다음 글을 읽고 물음에 답하시오.

> When I entered the house, I immediately knew that I _____ have come in. But there was some strange force pulling me. When I was almost at the top of the stairs, I fell. There was someone or something else in the house. I realized that the eyes had been watching me all the time. Suddenly I felt something cold touching my face.

14 위 글의 빈칸에 가장 알맞은 말은?

① must ② should ③ cannot
✔④ shouldn't ⑤ may

문장의 내용상 '들어가지 말아야 한다는 것을 알았다' 라는 의미가 되어야 하므로, 과거에 한 일에 대한 후회를 나타내는 shouldn't have p.p.의 형태가 와야 한다.

해석 내가 집 안으로 들어간 순간 나는 곧 들어가지 말았어야 했다는 것을 알게 되었다. 하지만 내가 집 안으로 들어간 순간 이상한 힘이 나를 잡아끌었다. 내가 거의 계단 꼭대기에 이르렀을 때, 나는 떨어졌다. 집 안에 누군가 아니면 어떤 것이 있었다. 그 눈은 줄곧 나를 지켜보고 있었다는 것을 알았다. 갑자기 나는 무언가 차가운 것이 내 얼굴을 만지는 것을 느꼈다.

해석 사람들은 무지개에 대한 많은 이야기를 만들어냈다. 그 중 하나는 무지개의 각각의 색이 하나의 의미를 가진다는 것이다. 예를 들어, 빨간색이 가장 넓다면 날씨가 따뜻하다는 것을 의미한다. 초록색은 풍년을 의미하는 것이다. 어제는 매우 따뜻했다. 따라서 어제는 무지개의 빨간색이 가장 넓었음에 틀림없다.

15 위 글의 분위기로 가장 알맞은 것은?

① 슬프다 ② 한가롭다 ✔③ 무섭다
④ 단조롭다 ⑤ 흥겹다

이 글은 낯선 집에 들어가서 겪은 공포스러운 경험이므로, 분위기는 무섭다고 말할 수 있다.

 A 다음 문장의 빈칸에 가장 알맞은 말을 고르시오.

1 Sally didn't sleep at all last night. She _____ be sleepy now.

✔① must   ② should   ③ would

어젯밤 잠을 자지 못했으므로, 현재 틀림없이 졸릴 것이라는 의미의 강한 추측은 must로 쓰고, '~임에 틀림없다' 의 뜻이 된다.

2 _____ you and your family be happy forever!

① Must   ✔② May   ③ Should

'~하기를!' 이라는 의미로 기원을 나타내는 기원문을 이끄는 것은 may나 might이다.

3 He insisted that everybody _____ bring his or her camera.

① must   ② would   ✔③ should

insist, suggest, propose 등이 이끄는 that절에서는 조동사로 should가 오며, 종종 생략되기도 한다.
• insist 주장하다

B 다음 대화의 빈칸에 알맞은 조동사를 쓰시오.

1 A   __Must__   I memorize all the script?

B No, you don't have to. Just bring it.

B의 don't have to로 보아, A는 '모든 대본을 암기해야 하나요?' 라는 뜻이 되어야 하므로, 의무를 나타내는 must가 알맞다.
• memorize 암기하다 • script 대본

2 A Are you interested in taking pictures?

B I __used__ __to__ be, but not anymore.

예전에 한 때는 그랬지만, 더 이상은 그렇지 않다는 의미가 되어야 하므로, 과거의 습관을 나타내는 used to가 알맞다.

3 A How about eating out tonight?

B No, I __would__ __rather__ order some pizza than eat out.

'B하느니 차라리 A하겠다' 라는 의미는 would rather A than B로 표현한다.

4 A __Would[Could]__ you please give me a hand?

B It depends. What is it?

상대방에게 도움을 요청하는 표현인데, please가 있으므로 대단히 정중한 의미가 되어야 한다. 따라서 could 또는 would가 오는 것이 알맞다.
• give a hand 도와주다 • depend 나름이다

C 다음 두 문장이 같은 뜻이 되도록 빈칸에 알맞은 말을 쓰시오.

1 It is certain that he worked out so much.

→ He __must__ __have__ __worked__ out so much.

'~했음에 틀림없다' 라는 의미의 과거 일에 대한 강한 추측은 must have p.p.로 나타낸다.

2 It is possible that the couple already broke up.

→ The couple __may__ __have__ already __broken__ up.

'~했었을지도 모른다' 라는 의미의 과거 일에 대한 약한 추측은 may[might] have p.p.로 나타낸다.

3 I am sorry that you made such a crucial mistake.

→ You __shouldn't__ __have__ __made__ such a crucial mistake.

과거 일에 대한 유감이나 후회를 표현할 때에는 should have p.p.를 이용한다. '~하지 말았어야 했는데' 라는 뜻이 되려면 부정문인 shouldn't have p.p.의 형태가 되어야 한다. / • crucial 결정적인 • mistake 실수

4 It is impossible that Matt solved this problem himself.

→ Matt __cannot__ __have__ __solved__ this problem himself.

'~이었을 리가 없다' 라는 의미의 과거 일에 대한 부정적인 의미의 강한 추측은 cannot have p.p.로 나타낸다.

D 다음 우리말과 같은 뜻이 되도록 빈칸에 알맞은 말을 고르시오.

1 그가 자신의 아이들을 자랑하는 것도 당연하다.

→ He _____ show off his children.

✔① may well　　　② may as well　　　③ ought to

may well ~하는 것도 당연하다 / •show off 자랑하다

2 나는 그 우스운 광경에 웃지 않을 수가 없었다.

→ I _____ laughing at the funny sight.

① couldn't　　　② couldn't but　　　✔③ couldn't help

'~하지 않을 수 없다'는 「cannot help+-ing」나 「cannot but+동사원형」으로 나타낸다.

3 너는 침대에 누워 독서하지 않는 것이 좋겠다.

→ You _____ read in bed.

① had better　　　✔② had better not　　　③ had not better

'~하는 것이 좋겠다'라는 뜻의 had better의 부정형은 had better not이다.

E 다음 문장의 빈칸에 알맞은 조동사를 쓰시오.

1 You don't have to finish it right now. You ____need____ not do so.

don't have to와 같은 뜻으로 need not이 쓰이며, '~할 필요가 없다'의 뜻이다.

2 I ____would____ rather starve to death than eat such terrible food.

would rather A than B는 'B하느니 차라리 A하겠다'라는 의미이다. / •starve to death 굶어 죽다

3 Anne is so selfish that she ____won't____ change her attitude towards others.

'Anne은 너무나 이기적이라 태도를 바꾸려 하지 않는다.'라는 현재의 고집이나 의지를 나타내므로 will not의 줄임말인 won't가 알맞다.
•selfish 이기적인　•attitude 태도

4 We ____cannot____ be too careful when we drive on a rainy day.

cannot ~ too ... 아무리 ~해도 지나치지 않다

F 다음 우리말과 같은 뜻이 되도록 빈칸에 알맞은 말을 쓰시오.

1 네가 어떻게 감히 나에게 그런 말을 하니?

→ How ____dare____ you ____say____ such a thing to me?

조동사 dare는 '감히 ~하다'의 뜻으로 쓰인다.

2 사람들은 서로에게 폐가 되는 행동을 하지 말아야 한다.

→ People ____ought____ not ____to____ disturb other people.

도덕적, 윤리적 의무를 나타내는 ought to의 부정은 ought not to이다. / •disturb 방해하다

3 예전에 이 근처에 매우 큰 공원이 있었다.

→ There ____used____ to ____be____ a very big park around here.

used to는 한 때 그랬지만 더 이상은 아닌 동작이나 상태를 나타내는 조동사이다.

4 우리들은 에어컨 없이 사는 데 익숙하지 않다.

→ We aren't ____used____ to ____living____ without an air conditioner.

be used to는 '~에 익숙하다'라는 뜻의 표현으로, to 다음에는 명사나 동명사만을 쓸 수 있다.

5 난 차라리 지금 자고 내일 아침 일찍 일어나는 게 낫겠어.

→ I ____would____ rather go to bed now and wake up early tomorrow morning.

would rather는 '차라리 ~하는 게 낫겠다'의 뜻이다.

A

A

다음 문장의 (   ) 안에서 알맞은 것을 고르시오.

1 He is the first student (who, ✓that) came into the classroom.

2 She needs a piece of paper on (that, ✓which) she will write.

3 We don't believe (that, ✓what) you just said.

4 Todd has a fancy car, (that, ✓which) runs very fast.

5 He has something (which, ✓that) looks mysterious and wonderful.

해석 1. 그는 교실에 들어온 첫 번째 학생이다. 2. 그녀는 그녀가 쓸 종이 한 장이 필요하다. 3. 우리는 네가 방금 말했던 것을 믿지 않아.
4. Todd는 고급 자동차를 가지고 있는데, 진짜 빨리 달려. 5. 그는 신비하고 멋져 보이는 무언가를 가지고 있다.

1 선행사에 서수가 있으므로 관계대명사는 that이 와야 한다.
2 관계대명사 앞에 전치사가 있으면 관계대명사 that을 쓸 수 없다.
3 선행사가 별도로 없으므로, 선행사를 포함하는 관계대명사인 what이 알맞다.
4 앞에 쉼표가 있으므로, 계속적 용법에 쓰일 수 있는 which가 알맞다.
 • fancy 고급의, 최상의
5 선행사에 -thing이 오면 관계대명사는 that을 쓴다.

B

B

다음 두 문장이 같은 뜻이 되도록 빈칸에 알맞은 말을 쓰시오.

1 Everybody loves Jessica, who is thoughtful.
→ Everybody loves Jessica, __because__ __she__ is thoughtful.

2 We went to the Italian restaurant, which was closed.
→ We went to the Italian restaurant, __but__ __it__ was closed.

3 I bought tons of comic books, which I read during the weekend.
→ I bought tons of comic books, __and__ I read __them__ during the weekend.

해석 1. 모든 사람들은 Jessica를 사랑하는데, 그녀가 사려 깊거든. 2. 우리는 이탈리아 음식점에 갔는데, 문이 닫혔어.
3. 나는 만화책을 어마어마하게 많이 샀는데, 주말 동안 읽었어.

1 사람들이 Jessica를 좋아하는 이유가 사려 깊기 때문이므로, 접속사는 because가 알맞다.
 • thoughtful 사려 깊은
2 의미상 접속사 but이 어울리고, 다음에는 restaurant를 지칭하는 대명사 it이 온다.
3 의미상 접속사는 and가 어울리고, 대명사는 comic books를 가리키는 them을 목적어 자리에 써야 한다.
 • tons of 상당히 많은

C

C

다음 대화의 빈칸에 알맞은 관계대명사를 쓰시오.

1 A Is that your elder sister?
B No, she is the woman __who(m) 또는 that__ I met just now.

2 A Do you hope to make a fortune?
B No. __What__ is the most important is health.

3 A Tell me about your favorite type of guy.
B I love a guy __whose__ voice is low and easy to listen to.

해석 1. A: 저분이 네 누나니? B: 아니, 그녀는 내가 방금 만난 여자야. 2. A: 너는 큰 돈을 벌고 싶니? B: 아니. 가장 중요한 것은 건강이야.
3. A: 네가 어떤 타입의 남자를 가장 좋아하는지 말해 봐. B: 나는 목소리가 낮고 듣기 좋은 남자가 좋아.

1 빈칸 다음에 「주어+동사」가 이어지므로, 사람을 선행사로 하는 목적격 관계대명사인 who나 whom, that이 알맞다.
2 선행사가 없으므로, 선행사를 포함하는 관계대명사 What이 와야 한다.
 • make a fortune 큰 돈을 벌다
3 the guy's voice라는 관계가 성립되므로, 빈칸에는 소유격 관계대명사인 whose가 온다. 선행사가 사람이므로 여기에 of which를 쓸 수 없다.
 • type 종류, 타입

D

D

다음 우리말과 같은 뜻이 되도록 빈칸에 알맞은 말을 쓰시오.

1 그는 사무실에서 나와 같이 일하는 사람이다.
→ He is the person with __whom__ __I__ __work__ in the office.

2 네가 바로 내가 이제껏 찾아온 바로 그 소녀이다.
→ You are the __very__ __girl__ __that__ I've been looking for.

3 그에게는 딸이 두 명이 있는데, 선생님이 되었다.
→ He has __two__ __daughters__, __who__ __became__ teachers.

1 the person이 선행사이고, 관계대명사 앞에 전치사 with가 왔으므로 목적격 관계대명사 whom을 써야 한다.
2 선행사에 '바로 그'라는 의미의 the very가 포함되어 있을 때는 관계대명사 that만이 올 수 있다.
3 관계대명사의 계속적 용법이므로, 선행사 다음에 「쉼표+관계대명사」를 써야 한다.

EXERCISE

A 다음 문장의 ( ) 안에서 알맞은 것을 고르시오.

1 Tell me the reason (✓why, how) you missed the class.

2 Sunday is the day (where, ✓when) we don't have class.

3 This is the fitting room (which, ✓where) you can change your clothes.

4 Would you show me (✓how, why) you achieved your goal?

> 해석 1. 네가 왜 수업에 빠졌는지 이유를 말해 봐. 2. 일요일은 수업이 없는 날이다. 3. 이곳은 옷을 갈아입을 수 있는 탈의실이다. 4. 네가 목표를 어떻게 달성했는지 보여 줄래?

A

1 선행사가 the reason이므로, 이유의 관계부사인 why를 써야 한다.
2 선행사가 the day이므로, 시간의 관계부사인 when을 써야 한다.
3 선행사가 the fitting room이므로, 장소의 관계부사인 where를 써야 한다.
 • fitting room 탈의실
4 선행사가 없고 의미상 방법을 나타내는 말이 와야 하므로 관계부사 how가 알맞다.

B 다음 두 문장이 같은 뜻이 되도록 빈칸에 알맞은 말을 쓰시오.

1 I like the shopping mall where I can window-shop.
→ I like the shopping mall ___at___ ___which___ I can window-shop.

2 Betty didn't tell us the reason why she told us a lie.
→ Betty didn't tell us the reason ___for___ ___which___ she told us a lie.

3 My family visited New York where my sister lives.
→ My family visited New York ___which[that]___ my sister lives in.

> 해석 1. 나는 윈도쇼핑을 할 수 있는 쇼핑몰이 좋아. 2. Betty는 그녀가 우리에게 왜 거짓말을 했는지 이유를 우리에게 말하지 않았어. 3. 나의 가족은 우리 누나가 살고 있는 뉴욕을 방문했다.

B

1 관계부사는 「전치사＋관계대명사」로 바꾸어 쓸 수 있는데, 선행사인 shopping mall 앞에는 전치사 at이 어울리므로, at which로 바꿔 쓴다.
 • window-shop 진열장 안을 들여다보며 다니다
2 why는 for which로 바꿔 쓸 수 있다.
3 관계부사 where는 in which로 바꿔 쓸 수 있다. 여기에서 in이 문장 뒤로 갔으므로, 빈칸에는 관계대명사 which 또는 that이 와야 한다.

C 다음 대화의 빈칸에 알맞은 말을 쓰시오.

1 A Can you teach me the way you solved the puzzle?
B Sure. I will let you know ___how___ I solved it.

2 A Do you know Jim's birthday?
B No, I don't know ___when___ he was born.
Ask Mary when his birthday is.

3 A Does Susie live in that villa?
B No, that villa is the ___place___ ___where___ her parents live.

> 해석 1. A: 너 그 퍼즐 푸는 방법을 나에게 가르쳐 줄 수 있니? B: 물론이지. 그것을 푸는 방법을 네게 알려 줄게. 2. A: 너 Jim의 생일을 알고 있니? B: 아니, 그가 태어난 날을 모르는데. Mary에게 그의 생일이 언제인지 물어 봐. 3. A: Susie가 저 빌라에 사니? B: 아니, 저 빌라는 그녀의 부모님이 사시는 곳이야.

C

1 how는 선행사인 the way와 함께 쓰이지 않고, 둘 중 하나만 쓰인다. 따라서 답에는 how만을 써야 한다.
2 생일은 그가 태어난 날이므로, 선행사를 the day로 하는 시간의 관계부사 when으로 연결한다.
3 그 빌라는 부모님이 사는 장소이므로, 선행사를 the place로 하는 장소의 관계부사 where로 연결한다.

D 다음 우리말과 같은 뜻이 되도록 빈칸에 알맞은 말을 쓰시오.

1 당신이 아이들을 교육하는 방식을 가르쳐 주세요.
→ Show me ___the___ ___way___ you educate your children.

2 나는 그 다리가 무너진 날을 똑똑히 기억하고 있다.
→ I clearly remember ___the___ ___day___ ___when___ the bridge collapsed.

3 여기가 나의 형제자매들이 자란 집이다.
→ This is the ___house___ ___in___ ___which___ my siblings grew up.

D

1 how는 선행사인 the way와 동시에 쓰이지 않으므로 두 단어로 된 선행사인 the way가 알맞다.
2 선행사는 the day이며, 이에 어울리는 시간의 관계부사인 when이 이어진다.
 • collapse 무너지다
3 선행사는 the house이며 이어지는 관계부사는 장소의 where이어야 하지만, 「전치사＋관계대명사」로 바꾸어 in which가 된다.
 • sibling 형제자매

EXERCISE

A 다음 문장의 (   ) 안에서 알맞은 것을 고르시오.

1 (However, **Wherever**✓) you go, I will follow you.

2 I sweat a lot (**whenever**✓, whatever) I'm scared.

3 (Whoever, **Whichever**✓) you may choose, you'll like it.

4 (**However**✓, Whoever) hard you may try, you can't catch up with her.

> 해석 1. 네가 어디를 가든지 나는 너를 따라갈 거야. 2. 나는 무서울 때마다 땀을 많이 흘려. 3. 네가 무엇을 고르든 그것을 좋아하게 될 거야. 4. 네가 아무리 열심히 노력해도 너는 그녀를 따라잡지 못해.

B 다음 두 문장이 같은 뜻이 되도록 빈칸에 알맞은 말을 쓰시오.

1 No matter who calls, tell him that I'm sleeping.

→ _____Whoever_____ calls, tell him that I'm sleeping.

2 Babies usually chew anything that they hold in their hands.

→ Babies usually chew _____whatever_____ they hold in their hands.

3 No matter where you are, you are representing our country.

→ _____Wherever_____ you are, you are representing our country.

> 해석 1. 누가 부르든지 나 잔다고 말해. 2. 아기들은 대개 손에 잡히는 것은 무엇이든 씹는다. 3. 네가 어디에 있든 너는 우리나라를 대표하고 있는 거야.

C 다음 대화의 빈칸에 알맞은 복합관계사를 쓰시오.

1 A Who would you like to employ?

B I will employ _____whoever_____ is sincere and hard-working.

2 A You look awful. What happened?

B I got fired yesterday. _____Whenever_____ it rains, it always pours.

A Cheer up! _____Whatever_____ you do, you will succeed in the future.

3 A If John apologizes first, why don't you forgive him?

B Definitely not. I won't forgive him _____whatever_____ he may say.

> 해석 1. A: 누구를 고용하고 싶으신가요? B: 진실하고 열심히 일하는 사람은 누구든지 고용할 겁니다. 2. A: 너 아주 안 좋아 보여. 무슨 일이니? B: 어제 해고되었어. 나쁜 일은 꼭 겹쳐서 온다니까. A: 기운 내. 앞으로는 네가 무엇을 하든 넌 성공할 거야. 3. A: John이 먼저 사과한다면, 그를 용서해 주는 게 어때? B: 절대 안 돼. 나는 그가 무슨 말을 하든 용서하지 않을 거야.

D 다음 우리말과 같은 뜻이 되도록 빈칸에 알맞은 말을 쓰시오.

1 네가 아무리 늦더라도 나에게 꼭 전화해라.

→ _____However_____ _____late_____ you may be, be sure to call me.

2 그녀는 서커스를 볼 때마다 전율을 느낀다.

→ She gets a thrill _____whenever_____ she sees a circus.

3 어느 쪽을 고르든지 너는 절대 실망하지 않을 것이다.

→ _____Whichever_____ you may choose, you'll never be disappointed.

A
1 No matter where와 바꿔 있는 복합관계부사인 Where 알맞다.
2 at anytime when과 바꿔 있는 부사절을 이끄는 when 가 알맞다.
 • sweat 땀을 흘리다
3 choose와 it으로 보아, 선택 련 있는 Whichever가 와야 '네가 어느 것을 선택하든지 의미로 No matter which와 쓸 수 있다.
4 '아무리 ~하더라도' 라는 의미 사절이 되어야 하므로 How 가 알맞고, 이는 No matter 로 바꿔 쓸 수 있다.
 • catch up with ~을 따라잡

B
1 No matter who = Whoev
2 anything that = whatever
3 No matter where = Wher
 • represent 대표하다

C
1 '~한 사람은 누구나' 라는 의 whoever가 와야 한다.
 • employ 고용하다
 • sincere 진실한
2 첫 번째 빈칸에는 '~할 때마 나' 라는 의미의 Whenever 맞다. 두 번째 빈칸에는 '무엇 든' 의 뜻인 Whatever가 와야
 • awful 지독히 나쁜
 • Whenever it rains, it alw pours. 설상가상 (안 좋은 겹쳐 오게 마련이다.)
 • in the future 앞으로, 미래
3 '무엇을 ~한다 하여도' 라는 뜻 이 필요하므로 whatever가 알
 • apologize 사과하다
 • definitely 절대적으로
 • forgive 용서하다

D
1 '아무리 ~한다 할지라도' 라는 의 However가 오며, 뒤에 형 late가 온다.
2 '~할 때마다' 는 whenever at anytime when으로 바꿔 수 있다
 • thrill 전율
3 선택과 관련된 복합관계부 whichever이며, no ma which로 바꿔 쓸 수 있다.

01 다음 문장의 빈칸에 가장 알맞은 말은?

> This necklace is _____ she wants to buy.
> 이 목걸이는 그녀가 사고 싶었던 것이다.

① which   ② that   ✔③ what

④ whatever   ⑤ whichever

'이 목걸이는 그녀가 사기를 원했던 것이다.' 라는 의미가 되어야 하며, 빈칸 앞에는 선행사로 쓰일 만한 명사가 없으므로, 빈칸에는 선행사를 포함하는 관계대명사로 '~하는 것' 이라는 의미를 가지는 what이 알맞다.

02 다음 두 문장이 같은 뜻이 되도록 할 때 빈칸에 가장 알맞은 말은?

> Do you know the reason why Mary had a quarrel with Jake? 너는 Mary가 Jake와 왜 싸웠는지 아니?
> → Do you know the reason _____ _____ Mary had a quarrel with Jake?

① which   ② on which   ③ at which

✔④ for which   ⑤ in which

관계부사는 「전치사 + 관계대명사」로 바꿔 쓸 수 있는데, 이유를 나타내는 관계부사인 why를 바꿔 쓸 때는 이유를 나타내는 전치사 for를 사용하여 for which로 쓴다. / • have a quarrel with ~와 싸우다

03 세 문장의 뜻이 같도록 빈칸에 알맞은 말을 쓰시오.

> We entered the castle. The king had lived in it. 우리는 성에 들어갔다. 왕은 그곳에서 살았다.

= We entered the castle __where__ the king had lived.

= We entered the castle __in__ __which__ the king had lived.

선행사인 the castle에 해당하는 단어인 it은 전치사 다음에 왔으므로, 목적격 관계대명사인 which로 바꿔 쓸 수 있으며, 「전치사+관계대명사」인 in which는 장소를 나타내는 관계부사인 where로 바꿔 쓸 수 있다.

04 다음 중 어법상 어색한 문장은?

① It is the square where we cheered them.
그곳은 우리가 그들을 응원했던 그 광장이야.

✔② It is the way how I explain grammar.
그것이 내가 문법을 설명하는 방법이야.

③ I don't know the exact date when they will return. 나는 그들이 언제 돌아오는지 정확한 날짜를 모른다.

④ Harry didn't say the reason why he skipped the class. Harry는 그가 수업을 빼먹은 이유를 말하지 않았다.

⑤ We visited Busan where my friend lived.
우리는 내 친구가 사는 부산을 방문했다.

② 방법을 나타내는 관계부사 how와 선행사인 the way는 둘 다 쓰이지 않고, 둘 중 하나만 써야 한다. / • square 광장 • exact 정확한 • skip 건너뛰다, 땡땡이치다

05 다음 두 문장이 같은 뜻이 되도록 할 때 빈칸에 알맞은 말을 쓰시오.

> Whatever you do, I will always be on your side. 네가 무엇을 하든 나는 항상 네 편이 될 거야.
> → __No__ __matter__ __what__ you do, I will always be on your side.

'네가 무엇을 한다 할지라도' 라는 의미이므로 Whatever를 No matter what으로 바꿔 쓸 수 있다.

06 다음 빈칸에 알맞은 복합관계부사를 쓰시오.

> • He always brings a gift __whenever__ he visits me.
> • __However__ humble it may be, there is no place like home.

첫 문장은 '그가 나를 방문할 때마다 선물을 가져 온다.' 라는 의미이므로, '~할 때마다' 라는 뜻의 at anytime when과 바꿔 쓸 수 있는 whenever가 알맞다. 두 번째 문장은 '아무리 누추하더라도, 집만한 곳은 없다.' 라는 의미로, '아무리 ~하더라도' 라는 뜻의 부사절을 이끄는 복합관계부사 However가 알맞다.
• humble 누추한

07 우리말과 같은 뜻이 되도록 빈칸에 알맞은 말을 쓰시오.

> 사람들이 그 가수를 좋아하는데, 그 가수가 매력적이기 때문이다.

> → People like the singer, __who__ __is__ very attractive.

앞에 쉼표가 있으므로 관계대명사의 계속적 용법이다. 따라서 the singer를 가리키는 주격 관계대명사인 who가 빈칸에 와야 한다.
• attractive 매력적인

08 다음 중 빈칸에 when이 들어갈 수 <u>없는</u> 것은?

① Tell me the time _____ the vacation will start. 방학이 시작되는 시기를 나에게 알려 줘.

② I remember the day _____ we first met.
나는 우리가 처음 만난 날을 기억한다.

③ March is the month _____ the new semester begins. 3월은 새 학기가 시작되는 달이다.

✔④ Sunday is the day _____ comes after Saturday. 일요일은 토요일 다음에 오는 날이다.

⑤ His birthday is the day _____ our friends get together. 그의 생일은 우리 친구들이 모이는 날이다.

관계부사 when 다음에는 항상 「주어+동사」의 완전한 문장이 와야 한다. ④는 선행사가 the day이고, 빈칸 다음에 동사가 오므로, 빈칸에는 주격 관계대명사인 which 또는 that이 와야 한다. / • get together 모이다, 만나다

09 다음 문장에서 어색한 부분을 찾아 바르게 고쳐 쓰시오.

> It is the store at that I bought this hairpin.

_____ at that _____ → _____ at which _____

선행사가 the store이고, 전치사 다음에는 that이 올 수 없으므로, that을 which로 바꿔 써야 한다.

해석 이곳이 내가 이 머리핀을 샀던 상점이다.

10 다음 두 문장을 한 문장으로 쓸 때 빈칸에 알맞은 한 단어를 쓰시오. 방법을 나타내는 관계부사 how가 와야 한다.
· educate 교육하다

> Show me the way. She educates her children in the way.

→ Show me _____ how _____ she educates her children. 나에게 그녀가 그녀의 아이들을 교육하는 방법을 보여 줘.

해석 모든 나라에서, '안녕,' '잘 가'라고 말하는 몸짓 언어들이 있다. 하지만, 이것은 세계의 모든 사람들이 정확히 똑같은 몸짓 언어를 사용한다는 것을 의미하지는 않는다. 같은 몸짓 언어가 몇 가지 있겠지만, 나라마다 다른 관습과 몸짓 언어를 가지고 있다. 그러므로 새로운 언어의 단어를 배우는 것은 충분하지 않다. 다른 언어를 사용하는 사람들과 말하고자 한다면, 새로운 몸짓 언어도 배워야 할 것이다.

[11~12] 다음 글을 읽고 물음에 답하시오.

> In ① every country, there are gestures ② whoever says "Hello." and "Goodbye." However, this does not mean that everyone in the world uses ③ exactly the same body language. We may have some of the same gestures, but different countries have different customs and different gestures. So, learning words in a new language ④ is not enough. If you want to talk to ⑤ people who use a different language, you might have to learn some new ___(A)___, too.

11 위 글의 밑줄 친 부분 중 어색한 것은?

① ✔② ③ ④ ⑤

gestures가 선행사이고 동사가 바로 왔으므로, whoever 대신 주격 관계대명사인 which 또는 that이 와야 하며, 동사 says는 선행사에 맞게 say가 되어야 한다.

12 위 글의 빈칸 (A)에 가장 알맞은 말은?

① ideas ② sounds ✔③ gestures
④ dialogues ⑤ grammars

이 글은 body language, 즉 gesture에 대한 설명으로, 마지막 문장은 '다른 언어를 사용하는 사람들과 말하고자 한다면, 새로운 몸짓 언어도 배워야 할 것이다.'라는 의미가 되어야 내용상 자연스러운 글이 된다.

13 다음 글의 밑줄 친 부분 중 내용상 어색한 것은?

> ① Before I leave on a trip, I always prepare ② myself for the new country by reading about it. When I arrive in the country, I try to come in contact with the native people ③ who can tell me many things about the country. In addition, I try to stay with a native family ④ while I am visiting the country. In this way, I learn a lot. That is ⑤ when I discover more about the lifestyle of the people.

사람들의 생활 방식을 알아가는 방법이므로 ⑤의 when은 how 또는 the way가 되어야 한다.

해석 나는 여행을 떠나기 전, 항상 그 나라에 대한 책을 읽음으로써 새로운 나라에 대해 스스로 준비한다. 그 나라에 도착하면, 나는 나에게 그 나라에 대해 많은 것을 알려 줄 수 있는 원주민들과 접촉하려고 노력한다. 게다가, 나는 그 나라를 방문하는 동안은 원주민 가족과 머무르려 한다. 이런 식으로 나는 많이 배운다. 그것이 내가 그 사람들의 생활 방식에 대해 더 많이 알아가는 방법이다.

[14~15] 다음 글을 읽고 물음에 답하시오.

> I am 25 years old and have a great job working for a very nice boss. My job is really good, but before I get too old, I want to see the world. _____ I dream of doing is taking a year off and sailing around the world alone. The problem is that my boss says he can't keep my job open for me. My father is against my plan too. What would you advise me to do?

14 위 글의 빈칸에 가장 알맞은 말은?

① That ② Which ③ Where
④ Why ✔⑤ What

빈칸 앞에 선행사가 없으므로, 선행사를 포함한 관계대명사인 What이 가장 알맞다.

해석 저는 25세이고, 매우 멋진 상사와 일하는 좋은 일자리를 가지고 있습니다. 제 일은 정말 좋지만, 저는 너무 나이 들기 전에 세상을 보고 싶어요. 제가 꿈꾸는 것은 일 년을 쉬면서 혼자 전 세계를 항해하는 것입니다. 문제는 제 상사가 저를 위해 자리를 보장하실 수 없다고 말씀하십니다. 저희 아버지도 제 계획에 반대합니다. 어떤 조언을 저에게 주시겠어요? / · off 비번인, 쉬는 · against ~에 반대하여

15 위 글을 쓴 목적으로 가장 알맞은 것은?

✔① 조언을 얻기 위해서
② 직장을 구하기 위해서
③ 친구를 소개받기 위해서
④ 회사를 홍보하기 위해서
⑤ 직장에 항의하기 위해서

앞 부분에서 자신의 고민을 말하고, 마지막 문장에서 What would you advise me to do?라고 했으므로, 고민에 대한 조언을 듣고 싶어 글을 썼음을 알 수 있다.

LET'S DRILL

다음 문장의 ( ) 안에서 알맞은 말을 고르시오.

1 This is the most exciting movie (that✔, which) I've ever seen.
선행사에 the most라는 최상급이 포함되어 있으므로, 관계대명사는 that만이 올 수 있다.

2 I have many comic books, (that, which✔) I will give to you.
앞에 쉼표가 있으므로 계속적 용법인데, that은 계속적 용법으로 쓰일 수 없다. / ·comic book 만화책

3 You don't have to care about (what✔, that) other people say.
앞에 선행사 역할을 할 수 있는 명사가 없으므로, 관계대명사 중 유일하게 선행사를 포함하는 what이 와야 한다.
·don't have to ~할 필요 없다 ·care about ~에 대해 신경쓰다

4 I'd like to learn the way (how, in which✔) you lost so much weight.
방법을 나타내는 관계부사인 how는 선행사인 the way와 나란히 올 수 없으므로, how 대신 in which나 that으로 바꿔 써야 한다.
·lose weight 살을 빼다

5 It is the station (which, in which✔) I met Kelly lastly.
「전치사＋관계대명사」 또는 관계부사로 써야 하므로 in which 또는 where가 되어야 한다. / ·lastly 마지막으로

6 I have something (that✔, which) was given to me by my boyfriend.
-thing으로 끝나는 선행사가 오면 관계대명사는 that을 써야 한다.

다음 문장의 빈칸에 알맞은 관계부사를 쓰시오.

1 Next Tuesday is the day ____when____ we will have a dance party.
선행사가 the day이므로 빈칸에는 시간의 관계부사인 when이 알맞다.

2 That is the street ____where____ many car accidents happen.
선행사가 장소를 나타내는 the street이므로 장소의 관계부사인 where가 알맞다.
·accident 사고 ·happen 일어나다

3 You must tell me the reason ____why____ you skipped the meeting.
이유를 나타내는 the reason에 어울리는 관계부사는 why이다. / ·skip 땡땡이치다

4 Would you show me ____how____ you tame your animals?
'~하는 방법'이라는 의미가 되어야 하므로 방법을 나타내는 관계부사인 how 또는 the way가 올 수 있으나, 여기에서는 관계부사를 쓰라고 했으므로 how가 와야 알맞다. ·tame 길들이다

다음 문장의 빈칸에 가장 알맞은 말을 고르시오.

1 _____ comes to the party, he or she will be welcome.
✔① Whoever　　　　② Whomever　　　　③ Whatever
문장의 주어 자리이며 '누가 ~ 하든'이라고 해석되는 부사절을 이끌고 있으므로, 주어 역할을 할 수 있는 복합관계대명사 Whoever가 알맞다.

2 _____ tired you are, you must take off your dirty clothes.
① Whatever　　　　✔② However　　　　③ Whenever
'아무리 피곤할지라도'라는 의미가 되어야 하므로 빈칸에는 However가 알맞다. / ·take off 벗다

3 He speaks in a very kind voice _____ he speaks English.
① whatever　　　　② however　　　　✔③ whenever
'영어를 말할 때면 언제나'라는 의미가 되어야 하므로 at anytime when과 바꿔 쓸 수 있는 whenever가 알맞다.

4 _____ you may choose, you'll be pleased with it.
① Whoever　　　　✔② Whichever　　　　③ However
'어느 것을 고르든, 흐뭇할 것이다.'라는 의미를 갖되, 목적어 it을 볼 때 사람을 선택하는 것이 아니므로, 사물의 선택과 관련 있는 복합관계대명사인 Whichever가 알맞다.

D 다음 두 문장이 같은 뜻이 되도록 빈칸에 알맞은 말을 쓰시오.

1 I have a clever sister, who keeps telling me lies.

→ I have a clever sister, ___and___ ___she___ keeps telling me lies.

앞에 쉼표가 있는 관계대명사의 계속적 용법은 「접속사+대명사」로 바꿔 쓸 수 있는데, 두 절이 자연스럽게 연결되므로, 접속사는 and이며, 대명사는 sister에 맞추어 she로 바꾸어 쓴다. / • clever 영리한 • 「keep+-ing」 계속해서 ~하다 • 「tell+목적어+a lie」 ~에게 거짓말을 하다

2 Everybody envies the man, who made a fortune recently.

→ Everybody envies the man, ___because___ ___he___ made a fortune recently.

그가 최근에 돈을 많이 번 것은 모든 사람들이 그를 부러워하는 이유이므로, 접속사는 because가 알맞고, 대명사는 the man을 지칭하여 he로 해야 한다. • envy 부러워하다 • make a fortune 부자가 되다 • recently 최근에

3 I stayed in New York for a week, when I didn't have time to visit you.

→ I stayed in New York for a week, ___but___ I didn't have time to visit you ___then___ .

계속적 용법의 관계부사는 「접속사+부사」로 바꿔 쓸 수 있는데 두 절이 역접의 관계로 연결되므로 접속사는 but이 알맞고, when이 있으므로 부사는 항상 then이다.

4 Do you know the reason why she was absent?

→ Do you know the reason ___for___ ___which___ she was absent?

관계부사는 「전치사+관계대명사」로 바꿔 쓸 수 있는데, why는 이유를 나타내는 전치사 for를 이용하여 for which로 바꿔 쓴다.

5 Wherever you may go, don't forget I'm always with you.

→ ___No___ ___matter___ ___where___ you may go, don't forget I'm always with you.

wherever가 양보를 나타내는 부사절을 이끌어 '어디에서 ~하든' 이라는 의미로 쓰일 때에는 no matter where로 바꿔 쓸 수 있다.

6 We want whoever is confident and diligent.

→ We want ___anyone___ ___who___ is confident and diligent.

whoever가 명사절을 이끌어 '~하는 사람은 모두' 라는 의미로 쓰일 때에는 anyone who로 바꿔 쓸 수 있다. • confident 자신감 있는 • diligent 부지런한

E 다음 중 <u>어색한</u> 부분을 바르게 고쳐 문장을 다시 쓰시오.

1 You should tell me the way how you found out the answer.

→ ___You should tell me the way you found out the answer. / You should tell me how you found out the answer.___

방법의 관계부사인 how는 선행사인 the way와 나란히 쓰지 못하고 둘 중 하나만 쓴다.

2 This is the company in where I used to work a few years ago.

→ ___This is the company in which I used to work a few years ago. / This is the company where I used to work a few years ago.___

where는 관계부사로, 「전치사+관계대명사」로 바꿔 쓸 수 있으므로, in을 없애거나 where를 목적격 관계대명사인 which로 바꿔 쓴다.

3 March is the month when comes after February.

→ ___March is the month which[that] comes after February.___

month는 시간과 관련된 선행사이긴 하지만 다음에 comes라는 동사가 이어 나왔으므로, 관계부사가 아닌 주격 관계대명사 which나 that이 와야 한다.

F 다음 우리말과 같은 뜻이 되도록 빈칸에 알맞은 말을 쓰시오.

1 나에게는 성격이 매우 독특한 친구가 한 명 있다.

→ I have a friend ___whose___ personality ___is___ very weird.

'친구의 성격' 이므로, 소유격 관계대명사인 whose에 이어 명사인 personality가 오며, 마지막 빈칸에는 be동사인 is가 와야 한다. / • weird 독특한

2 나의 언니는 나를 방문할 때마다 집에서 만든 과자를 가져온다.

→ My sister brings homemade cookies ___whenever___ ___she___ ___visits___ ___me___ .

'~할 때면 언제나' 의 의미로 부사절을 이끄는 복합관계부사는 whenever이다.

EXERCISE

A 다음 문장의 ( ) 안에서 알맞은 것을 고르시오.

1 The truth is (that✓, what) you are not qualified.

2 I wonder (whether✓, if) they are relatives of Mr. Carter or not.

3 (That, What✓) I'm so curious about is the secret of your beauty.

4 Could you let me know (when will you, when you will✓) leave?

> 해석 1. 사실은 네가 자격이 없다는 거야. 2. 나는 그들이 Carter 씨의 친척들인지 아닌지 모르겠어. 3. 내가 정말 궁금한 것은 당신이 아름다움을 유지하는 비결이에요. 4. 당신이 언제 떠나는지 알려 주실 수 있나요?

B 다음 두 문장을 접속사를 사용하여 한 문장으로 바꿔 쓰시오.

1 Mike is suffering from cancer. + I know it.
→ _____I know (that) Mike is suffering from cancer._____

2 I asked Mom. + May I go to the movies?
→ _____I asked Mom if[whether] I may go to the movies._____

3 Bill wants to know. + What will they say about his plan?
→ _____Bill wants to know what they will say about his plan._____

> 해석 1. Mike는 암으로 고통 받고 있다. 나는 그것을 알고 있다. 2. 나는 엄마에게 물었다. 내가 영화 보러 가도 되나요? 3. Bill은 알고 싶다. 그들은 그의 계획에 대해 뭐라고 말할까?

C 다음 대화의 빈칸에 알맞은 말을 쓰시오.

1 A In my opinion, they are lying to us.
   B Yes, it is certain ___that___ we cannot believe them.

2 A Will you go to Jane's wedding next Sunday?
   B Well, I'm not sure ___if[whether]___ I can go.

3 A Have you ever cheated on an exam?
   B I won't tell you ___if[whether]___ ___I___ ___have___ ___ever___ ___cheated___ on an exam.

> 해석 1. A: 내 의견으로는 그들이 우리에게 거짓말을 하고 있어. B: 맞아. 우리가 그들을 믿을 수 없는 것은 확실해. 2. A: 다음 일요일에 Jane의 결혼식에 갈 거니? B: 글쎄, 갈 수 있을지 확실히 모르겠어. 3. A: 너 시험에서 부정행위를 해 본 적 있니? B: 내가 시험에서 부정행위를 해 본 적이 있는지 말하지 않을 거야.

D 다음 우리말과 같은 뜻이 되도록 빈칸에 알맞은 말을 쓰시오.

1 그들이 시험에 낙방했다는 소문은 사실일 리가 없다.
→ The rumor ___that___ they failed the exam ___cannot[can't]___ ___be___ ___true___ .

2 아이들이 그들의 부모님께 복종하는 것은 당연하다.
→ ___It___ is natural ___that___ children ___should___ ___obey___ their parents.

3 네가 그 제안을 받아들일지 아닐지는 나에게 전혀 문제가 되지 않는다.
→ ___Whether___ you will accept the offer ___or___ ___not___ doesn't matter to me.

A
1 주어인 The truth를 설명하는 보어인 명사절을 이끌어야 하므로, 접속사 that이 알맞다.
2 whether와 if는 둘 다 '~인지 아닌지'의 의미로 쓰일 수 있으나, if는 문장의 마지막에 or not을 쓸 수 없다.
3 주어절에서 about의 목적어가 빠져 있기 때문에 선행사를 포함하는 관계대명사인 What이 어울린다.
4 목적어절로 쓰인 간접의문문이므로, 「의문사+주어+동사」의 어순이 된다.

B
1 it의 내용은 앞의 문장 전체를 받는 것이므로, I know 다음에 목적격 접속사 that을 이용하여 앞 문장의 내용을 쓴다.
• suffer from ~으로 고통받다
2 의문사가 없는 문장의 간접의문문은 「if 또는 whether+주어+동사」의 어순을 취한다.
3 의문사가 있는 문장의 간접의문문은 「의문사+주어+동사」의 어순을 취한다.

C
1 가주어 it이 있으므로, 진주어절을 이끄는 접속사 that이 필요하다.
• opinion 의견
2, 3 의문사가 없는 문장의 간접의문문은 「if 또는 whether+주어+동사」의 어순을 취한다.

D
1 the rumor와 동격절을 이끄는 접속사 that이 와야 한다.
• cannot be ~일 리가 없다
2 두 번째 빈칸 다음의 절이 주어 역할을 하므로, 두 번째 빈칸에는 진주어절을 이끄는 that이 오고, 첫 빈칸에는 가주어인 It이 온다.
• natural 당연한
• obey 복종하다
3 '~인지 아닌지'라는 의미는 if와 whether가 있으나, if는 주어절을 이끌지 못하며, or not과 함께 쓰이지 않는다.
• offer 제안

EXERCISE

A 다음 문장의 ( ) 안에서 알맞은 것을 고르시오.

1 (While✓, Till) he was in Tokyo, he had several part-time jobs.

2 Janice failed the job interview (because, though✓) she practiced hard.

3 (If, Unless✓) you keep quiet, you will be expelled from the library.

4 You must take care of yourself (so that, now that✓) you're an adult.

해석 1. 그는 도쿄에 있는 동안 아르바이트 몇 개를 했다. 2. Janice는 열심히 연습했지만 면접에서 떨어졌다. 3. 네가 조용히 하지 않는다면 도서실에서 쫓겨날 거야. 4. 너는 어른이기 때문에 너 스스로를 돌봐야 한다.

B 다음 두 문장이 같은 뜻이 되도록 빈칸에 알맞은 말을 쓰시오.

1 Unless Mariah quits smoking, she'll get a serious disease.
→ If Mariah ___doesn't___ ___quit___ smoking, she'll get a serious disease.

2 Brad is very young, but his potential is limitless.
→ Young ___as___ Brad ___is___, his potential is limitless.

3 I will do my best to make my dreams come true.
→ I will do my best ___so___ ___that___ I can make my dreams come true.

해석 1. Mariah가 담배를 끊지 않는다면 그녀는 중병을 얻게 될 것이다. 2. Brad는 매우 어리지만, 그의 잠재력은 무한하다. 3. 나는 꿈을 이루기 위해 최선을 다할 것이다.

C 다음 대화의 빈칸에 알맞은 접속사를 쓰시오.

1 A What should I do first?
B Just watch others carefully. Do exactly ___as___ they do.

2 A Do you know why Judy is popular?
B Because she is ___so___ humorous ___that___ she makes people laugh.

3 A Why are you studying so hard?
B I'm studying ___so___ ___that___ I can be the best expert in my field.

해석 1. A: 우선 나는 무엇을 해야 하나요? B: 다른 사람들을 주의 깊게 보세요. 그들이 하는 대로 똑같이 하세요. 2. A: Judy가 인기 있는 이유를 알고 있니? B: 그녀가 매우 재미있어서 사람들을 웃게 만들기 때문이지. 3. A: 너는 왜 그렇게 열심히 공부하고 있니? B: 나는 내 분야에서 최고의 전문가가 되기 위해서 공부하고 있어.

D 다음 우리말과 같은 뜻이 되도록 빈칸에 알맞은 말을 쓰시오.

1 내가 아는 한, Tony와 Jane은 친구가 아니다.
→ ___As___ ___far___ ___as___ I know, Tony and Jane aren't friends.

2 Amanda는 너무나 활발한 소녀여서 모두가 그녀를 좋아한다.
→ Amanda is ___such___ a cheerful girl ___that___ everybody likes her.

3 Seth는 출근하자마자 컴퓨터를 켰다.
→ ___As___ ___soon___ ___as___ Seth got to work, he turned on his computer.

EXERCISE

A 다음 문장의 ( ) 안에서 알맞은 것을 고르시오.

1 Bill as well as you (is, ~~are~~) responsible for it.

2 Neither I nor my sister (drive, ~~drives~~) a car.

3 Not only Sam but also I (~~don't~~, doesn't) have to go there.

4 Both Charles and I (~~want~~, wants) to have a day off.

해석 1. 너뿐만 아니라 Bill도 그 일에 책임이 있어. 2. 나도 우리 누나도 자동차를 운전하지 않아. 3. Sam뿐만 아니라 나도 그곳에 갈 필요가 없다. 4. Charles와 나 둘 다 하루 쉬고 싶다.

A
1 B as well as A가 주어로 쓰일 때 동사는 B에 일치시켜야 한다.
 • be responsible for ~에 책임이 있다
2 neither A nor B가 주어로 쓰일 때 동사는 B에 일치시키므로, 3인칭 단수형인 drives가 알맞다.
3 not only A but also B는 동사를 B에 일치시키므로 don't가 알맞다.
4 both A and B는 항상 복수로 취급하므로, want가 와야 한다.
 • day off 휴일

B 다음 두 문장이 같은 뜻이 되도록 빈칸에 알맞은 말을 쓰시오.

1 Jason is well-mannered as well as handsome.

→ Jason is __not__ __only__ handsome __but__ __also__ well-mannered.

2 Dad didn't stop drinking, and my brother didn't stop, either.

→ __Neither__ Dad nor my brother __stopped__ drinking.

3 Larry is interested in helping the poor. His friend is interested in it, too.

→ __Both__ Larry __and__ his friend __are__ interested in helping the poor.

해석 1. Jason은 잘생겼을 뿐만 아니라 예의가 바르기까지 하다. 2. 아빠는 술을 끊지 않았고, 우리 오빠도 역시 끊지 않았다. 3. Larry는 가난한 사람들을 도와주는 데 관심이 있다. 그의 친구도 역시 그 일에 관심이 있다.

B
1 B as well as A는 not only A but also B와 같고 'A뿐 아니라 B도'라는 의미로 쓰인다.
 • well-mannered 예의바른
2 둘 다 아님을 나타낼 때에는 neither A nor B의 표현을 이용한다.
3 '두 사람 모두'라는 의미이므로, both A and B의 표현을 사용하며, 이는 항상 복수로 취급해야 하므로, be동사는 are가 알맞다.

C 다음 대화의 빈칸에 알맞은 말을 쓰시오.

1 A Who will take part in the meeting?

B __Either__ you or your boss has to participate in.

2 A What languages can Clare speak?

B She can speak not only English __but__ __also__ French.

3 A I think he is the worst man I have ever met.

B I think so, too. He is __neither__ kind __nor__ smart.

해석 1. A: 누가 모임에 참가할까요? B: 당신 아니면 당신의 상사가 참석해야 해요. 2. A: Clare는 어떤 언어를 말할 수 있나요? B: 그녀는 영어뿐만 아니라 불어도 할 수 있어요. 3. A: 그는 내가 만난 사람 중 가장 형편없는 사람이라고 생각해. B: 나도 그렇게 생각해. 그는 친절하지도 똑똑하지도 않아.

C
1 either A or B는 'A와 B 둘 중의 하나'라는 의미로 동사는 B에 일치시킨다.
 • take part in ~에 참여하다 (=participate in)
2 not only A but also B는 'A뿐 아니라 B도'라는 뜻으로 B as well as A와 같다.
3 대화의 내용상 그는 만났던 가장 형편없는 남자라고 했고, 그 말에 동조했으므로, 친절하지도 똑똑하지도 않은 남자임을 알 수 있다. 둘 다 아님을 표현할 때에는 neither A nor B로 나타낼 수 있다.

D 다음 우리말과 같은 뜻이 되도록 빈칸에 알맞은 말을 쓰시오.

1 나는 개도 고양이도 좋아하지 않아.

→ I like __neither__ dogs __nor__ cats.

2 Cindy는 키도 크고 예쁘다.

→ Cindy is __both__ tall __and__ pretty.

3 Kate가 아니라 내가 내일 뉴욕에 갈 거야.

→ __Not__ Kate __but__ I __am__ going to New York tomorrow.

D
1 「neither A nor B」 A도 B도 아니다
2 「both A and B」 A와 B 둘 다
3 「not A but B」 A가 아니라 B 동사는 B에 일치해야 하므로 am을 쓴다.

01 다음 문장의 빈칸에 알맞은 말은?

> Neither you nor she _____ to be blamed for the incident.
> 너도 그녀도 그 사건에 대해 비난 받지 않을 거야.

① be　　② am　　③ are
✔④ is　　⑤ being

neither A nor B는 'A도 B도 아니다'란 뜻으로, 주어로 쓰일 때 동사는 B에 일치시켜야 한다.

02 다음 빈칸에 알맞은 be동사의 현재형을 쓰시오.

> Not only you but also he　is　responsible for the bag. 너뿐만 아니라 그도 그 가방에 대한 책임이 있다.

not only A but also B는 B에 동사를 일치시킨다.

03 다음 두 문장이 같은 뜻이 되도록 빈칸에 알맞은 말을 쓰시오.

> She is not only beautiful but also kind.
> 그녀는 아름다울 뿐만 아니라 친절하기까지 하다.

→ She is kind　as　well　as　beautiful　.

not only A but also B는 'A뿐 아니라 B도'라는 의미로 B as well as A로 바꿔 쓸 수 있다.

04 다음 우리말과 같은 뜻이 되도록 빈칸에 알맞은 말을 쓰시오.

> 저 소녀는 너무나 신중해서 거의 실수하지 않는다.

→ That girl is　so　careful　that　she hardly makes mistakes.

'너무 ~해서 …하다'라는 의미의 결과 부사절은 「so+형용사+that절」로 나타낼 수 있다. / •hardly 거의 ~하지 않다 •make a mistake 실수하다

05 다음 중 밑줄 친 부분이 어법상 어색한 것은?

① Everybody was waiting for us.
② Either you or Sarah has to go.
③ Both Mom and I are in good health.
✔④ You as well as I am in charge of the team.
⑤ Not only she but also I hope to get out.

④ B as well as A는 동사를 B에 일치시킨다. (am → are)
해석 ① 모든 사람이 우리를 기다리고 있었다. ② 너 또는 Sarah가 가야 한다. ③ 엄마와 나 둘 다 건강한 상태이다. ④ 나뿐만 아니라 너도 팀을 맡고 있다. ⑤ 그녀 뿐만 아니라 나도 나가기를 바라고 있어.

06 다음 문장의 빈칸에 as가 들어갈 수 없는 것은?

① Poor _____ Tom is, he is always cheerful.
② I saw a ghost _____ I was driving alone.
③ We hurried home _____ it was getting dark.
✔④ Ten years have passed _____ Father died.
⑤ When in Rome, do _____ the Romans do.

④는 '아버지가 돌아가신 후 10년이 흘렀다.'라는 의미의 문장이 되어야 하므로, 빈칸에는 '~ 이래로'라는 뜻의 since가 알맞다.
해석 ① Tom은 가난하지만 항상 활기차다. ② 나는 혼자 운전할 때 귀신을 보았다. ③ 우리는 날씨가 점점 어두워지자 서둘러 집으로 갔다. ④ 아버지가 돌아가신 지 10년이 지났다. ⑤ 로마에 있을 때는 로마인과 같이 행동하라.

07 다음 문장의 밑줄 친 부분과 바꿔 쓸 수 있는 것은?

> Since you are old enough, you should learn to live for yourself.
> 너는 충분히 나이를 먹었기 때문에 너 혼자 힘으로 사는 법을 배워야 해.

① In case　　② So that
✔③ Now that　　④ As long as
⑤ In order that

since는 '~ 이래로'라는 뜻의 시간의 부사절을 이끌기도 하지만, '~ 때문에'라는 뜻의 이유를 나타내는 부사절을 이끌기도 한다. 문장의 내용상 이유의 의미이므로 Now that과 바꿔 쓸 수 있다. / •for oneself 혼자 힘으로

08 다음 두 문장의 빈칸에 공통으로 알맞은 말을 고르시오.

> • I will be very happy _____ I can lose weight. 내가 살을 뺄 수 있다면 정말 행복할 것이다.
> • Everybody wonders _____ she will come back as an entertainer.
> 모든 사람은 그녀가 연예인으로 다시 돌아올지 궁금해 한다.

① unless　✔② if　　③ what
④ that　　⑤ while

첫 문장에서의 if는 '만일 ~라면'이라는 의미이고, 두 번째 문장에서의 if는 '~인지 아닌지'라는 의미로 명사절을 이끄는 접속사이다.
•entertainer 연예인
해석 ① 이것은 내가 원하는 것이다. ② 그 상점이 24시간 문을 여는지 아닌지 난 확실히 모르겠어. ③ Mike가 꽃병을 깼다는 것은 사실이다. ④ 내가 운전하고 있을 때 좋은 아이디어 하나가 떠올랐다. ⑤ 나는 내가 그를 도울 수 있을지 모르겠다.

09 다음 중 밑줄 친 부분의 성격이 다른 하나는?

① This is what I want.
② I'm not sure whether the shopping mall is open 24 hours or not.
③ That Mike broke the vase is true.
✔④ One good idea struck me as I was driving.
⑤ I wonder if I can help him.

①, ②는 보어로 명사절 ③ 주어로 명사절 ④ 부사절 ⑤ 목적어로 명사절
•strike ~에게 떠오르다

해석 ① 너는 우리 선생님이 그렇게 말한 것을 기억하고 있니? ② 나는 그녀가 기분이 별로 안 좋다는 것을 알고 있다. ③ 그들이 끔찍한 실수를 했다는 것은 사실이다. ④ 그는 그녀를 사랑하는 젊은이다. ⑤ 나의 요점은 우리가 너무 많은 위험을 겪으면 안 된다는 것이다.

10 다음 중 밑줄 친 that의 쓰임이 다른 하나는?

① Do you remember that our teacher said so?

② I know that she is under the weather.

③ It is true that they made an awful mistake.

✔④ He is the young man that loves her.

⑤ My point is that we shouldn't take too much risk.

①, ②, ③, ⑤의 that은 접속사로 명사절을 이끌지만, ④의 that은 관계대명사로 선행사인 the man을 수식하는 형용사절을 이끈다.

해석 한 소년이 사탕으로 가득 찬 단지 안에 손을 넣었다. 그는 최대한 많이 잡았지만, 손을 빼내려 했을 때, 단지의 입구가 작아서 실패했다. 그는 사탕을 얻지도 손을 빼내지도 못했다. 그 아이는 울음을 터뜨렸다. 지나가던 한 남자가 그에게 말했다. "네가 사탕의 반을 잡는다면, 손을 뺄 수 있을 거야."

11 다음 중 밑줄 친 부분이 어법상 어색한 것은?

A boy ① put his hand into a jar full of candies. He held as many as he could, but ② when he tried to pull out his hand, he failed to do so ③ because of the slim neck of the jar. He ✔④ could either get the candies nor pull out his hand. He burst into tears. A man passing by said to him, "⑤ If you hold half of the candies, you can draw out your hand."

④ 과도한 욕심을 부려 소년이 사탕을 얻지도 손을 빼지도 못하는 상황이므로, 둘 다 아닌 것을 표현하는 neither A nor B가 되어야 한다. / • pull out 꺼내다 • pass by 지나가다 • draw out 빼다

해석 여러 해 전, 캘리포니아의 한 의사는 아이들이 우는 방식을 연구했다. 그 의사는 오늘날의 많은 의사들이 그러듯이 각각의 울음이 다른 무언가를 의미한다고 믿었다. 단 몇 초만 지속되는 울음은 아기가 배고프다는 것을 의미한다. 만일 아기가 고통을 느낀다면, 울음은 2~3초 지속되고 더 소리도 크다. 고양이 소리와 같은 울음은 아기가 행복하다는 것을 의미한다.

12 다음 중 밑줄 친 부분이 어법상 어색한 것은?

Many years ago, a doctor in California studied ① the way babies cry. The doctor believed, ② as many doctors do today, ③ that each kind of cry means something different. A cry that lasts only a second means the baby is hungry. ④ If the baby is in pain, the cry lasts two or three seconds and is louder. A cry like the sound of a kitten means ✔⑤ when the baby is happy.

⑤ means의 목적어가 와야 하므로 when이 아니라 명사절을 이끄는 접속사 that이 와야 한다.

13 다음 (A)와 (B)에 들어갈 말이 바르게 짝지어진 것은?

Henry looked down at his feet and saw something so funny that he almost *held his sides with laughter. He was wearing two different shoes — and they were not even the same color. "I dressed in a hurry ___(A)___ I was late for work," he exclaimed ___(B)___ he could talk.

* hold one's sides with laughter 포복절도하다

① if – while

② though – as soon as

③ though – while

④ unless – as soon as

✔⑤ since – as soon as

A는 결과와 원인이 되는 두 개의 절을 연결하므로, 이유의 접속사인 because 또는 since, as가 와야 하고, B에는 문장의 의미 '자지러지게 웃다가 말을 할 수 있게 되자마자 소리 질렀다'라는 의미가 되어야 하므로, as soon as가 알맞다.

해석 Henry는 자신의 발을 내려다보고 너무 우스운 것을 보아서 포복절도했다. 그는 신발을 짝짝이로 신고 있었고, 그것도 같은 색깔도 아니었다. "직장에 늦었기 때문에 서둘러 옷을 입었어."라고 말을 할 수 있게 되자마자 소리 질렀다.

[14~15] 다음 글을 읽고 물음에 답하시오.

① When I went to see *Carmen*, I sat in front of a man ② who didn't enjoy the opera. He couldn't sleep ③ though it was too noisy. Every now and then I heard a deep sigh from behind, followed by a 'Shhh' from the man's partner. In the final scene, ④ as Carmen was killed by her lover, the man shouted, "Well, ⑤ if he hadn't killed her, I would have killed her! I will never see this kind of opera again."

14 위 글의 밑줄 친 부분 중 흐름상 어색한 것은? ③

③ though는 양보의 접속사로, '비록 ~일지라도'라는 의미인데, 문장의 내용상 어울리지 않고, '너무 시끄러웠기 때문에, 잠을 잘 수 없었다.'라는 뜻이 되어야 하므로, 이유를 나타내는 접속사인 because, since, as 등이 와야 한다.

해석 내가 〈카르멘〉을 보러 갔을 때, 나는 오페라를 즐기지 않는 남자 앞에 앉았다. 그는 너무 시끄러워서 잠을 잘 수가 없었다. 때때로 나는 뒷자리에서 들려오는 긴 한숨과 이어 그 남자의 파트너가 '쉬'라고 하는 말을 들었다. 마지막 장면에서 카르멘이 연인에 의해 살해되었을 때, 그 남자가 소리쳤다. "그가 카르멘을 죽이지 않았더라면, 내가 그녀를 죽였을 거야! 난 절대 이런 종류의 오페라는 다시 보지 않을 거야!"

15 위 글의 글쓴이의 심경으로 가장 알맞은 것은?

① 평온하다   ② 무섭다   ③ 쓸쓸하다

✔④ 황당하다   ⑤ 무관심하다

오페라에 대한 이해와 관심이 없는 한 남자의 무례한 행동에 오페라를 관람하던 글쓴이는 당혹스러웠을 것이다.

다음 문장의 ( ) 안에서 알맞은 말을 고르시오.

1 My point is (that, what) we should find a new leader.

보어절을 이끌어 '~하는 것' 이라는 명사절을 이끌 수 있는 것은 that이다.

2 (If, Unless) you quit smoking, you will get lung cancer.

내용상 '금연하지 않는다면' 의 의미가 되어야 하므로, if ~not의 의미인 Unless가 알맞다. / •lung 폐 •cancer 암

3 I wonder (if, whether) it will clear up tomorrow or not.

if와 whether는 모두 '~인지 아닌지' 의 의미로 쓰일 수 있지만, if는 문장의 마지막에 or not을 쓸 수 없다.

4 (So that, Now that) you are a grown-up, you should move out.

내용상 '너는 이제 어른이니까' 라는 이유의 부사절이 되어야 하므로, 이유의 접속사로 쓰일 수 있는 Now that이 알맞다.

5 (Since, Though) the road is very slippery, you should be really careful.

since는 '~ 때문에' 라는 뜻으로 이유의 부사절을 이끌기도 한다.

다음 문장의 빈칸에 알맞은 말을 쓰시오.

1 Either you ___or___ I have to substitute his position.

「either A or B」 A와 B 둘 중의 하나 / •substitute 대신하다 •position 위치

2 Not only you ___but___ ___also___ my mom is worried about the result.

「not only A but also B」 A뿐 아니라 B도 / •result 결과

3 I couldn't achieve my goal ___even___ ___though___ I really tried very hard.

「even though」=「although」 비록 ~일지라도 / •achieve 성취하다

4 ___Both___ you and I will have to participate in the championship.

「both A and B」 A와 B 둘다 / •participate in ~에 참여하다 •championship 결승전, 선수권 대회

다음 문장의 빈칸에 가장 알맞은 말을 고르시오.

1 It is certain _____ the idea wasn't approved right away.

  ✔① that   ② what   ③ whether

가주어 it에 대해 진주어절을 이끌 수 있는 것은 명사절을 이끄는 접속사 that이다. / •approve 승인하다

2 Frankly speaking, I'm not sure _____ he can carry out such work.

  ① as   ② what   ✔③ if

명사절을 이끌며 '~인지 아닌지' 의 의미로 쓰일 수 있는 것은 if나 whether이며, whether는 문장의 마지막에 or not을 쓸 수도 있다.
•carry out 수행하다

3 Can you tell me _____ the day after tomorrow?

  ① when you return   ✔② when you will return   ③ when will you return

명사절에서는 의문사가 이끄는 절은 간접의문문으로 「의문사+주어+동사」의 어순이 되고, the day after tomorrow라는 부사구에서 미래 시제임을 알 수 있으므로, when you will return의 형태가 되어야 한다. / •the day after tomorrow 모레

4 _____ applicants is increasing every year.

  ① Many   ② A number of   ✔③ The number of

동사가 is이므로, 주어를 단수로 취급했다는 것을 알 수 있다. 따라서 '~의 수' 라는 의미를 가지는 The number of를 써야 한다. many와 a number of는 복수 명사와 함께 쓰이며, 복수 취급한다. / •applicant 지원자

5 He is _____ man that nobody trusts him.

  ① such dishonest   ② so dishonest   ✔③ such a dishonest

「such a+형용사+명사」=「so+형용사+a+명사」 너무 ~한 / •dishonest 부정직한

D 다음 두 문장을 접속사를 사용하여 한 문장으로 연결하시오.

1 Harry wasn't telling the truth. I knew it.
→ _____I knew that Harry wasn't telling the truth._____
접속사 that을 써서 it 대신 knew의 목적어 역할을 하는 명사절을 이끌어야 한다.

2 Can you tell me? Where did you go at that time?
→ _____Can you tell me where you went at that time?_____
문장 중간에서 목적어 역할을 하는 간접의문문은 「의문사+주어+동사」의 어순이며, did와 같은 뜻이 없는 조동사는 쓰지 않고, 일반동사를 과거형으로 나타내면 된다.

3 I don't know. Will Betty give me a present or not?
→ _____I don't know whether Betty will give me a present or not._____
know의 목적어 역할을 하는 명사절이 와야 한다. '~해야 할지 아닌지'의 뜻을 가진 whether를 써서 명사절을 이끈다. 문장의 뒤에 or not이 있으므로 whether 대신 if를 쓸 수 없다.

E 다음 두 문장이 같은 뜻이 되도록 빈칸에 알맞은 말을 쓰시오.

1 My mother speaks Japanese as well as English.
→ My mother speaks ___not___ ___only___ English ___but___ ___also___ Japanese.
「B as well as A」=「not only A but also B」 A뿐만 아니라 B도

2 Unless Judy gets up now, she will be scolded by her teacher.
→ If ___Judy___ ___doesn't___ ___get___ up now, she will be scolded by her teacher.
unless는 if~not의 의미이므로, if절로 바꾸어 쓰면, 동사를 부정문으로 바꾸어야 하므로, 일반동사 3인칭 단수형인 gets를 doesn't get으로 바꾸어야 한다.
• scold 꾸짖다

3 Mary took part in the show to find Mr. Right.
→ Mary took part in the show ___so___ ___that___ ___she___ might find Mr. Right.
첫 문장에서의 to부정사는 목적을 나타내는 부사적 용법으로 '~하기 위하여'로 해석된다. 그러므로 목적을 나타내는 so that ~ may절을 이용해서 표현할 수 있고, 주어인 Mary를 대명사인 she로 바꾸어 써야 한다. / • take part in ~에 참여하다

4 Mary didn't stop talking, and Jane didn't stop it, either.
→ ___Neither___ Mary nor Jane ___stopped___ talking.
Mary와 Jane 두 사람 모두 말을 멈추지 않았으므로, 둘 다 아닌 것을 나타내는 neither A nor B가 주어 자리에 온다. 또한 neither가 부정의 표현이므로, didn't stop을 과거 시제인 stopped로 표현해야 한다.

F 다음 우리말과 같은 뜻이 되도록 빈칸에 가장 알맞은 말을 고르시오.

1 네가 무언가를 먹는 동안 말하는 것은 무례하다.
→ It's impolite to talk _____ you're eating something.
① when   ✔② while   ③ during
'~하는 동안'은 접속사 while을 쓴다.

2 너희들이 조용히 하는 한 이 방에서 머물러도 좋다.
→ You may stay in this room _____ you keep quiet.
① as soon as   ✔② as long as   ③ as much as
as long as는 '~하는 한, ~하기만 한다면'의 의미로 조건의 부사절을 이끄는 접속사로 쓰인다.

3 그가 돌아올 때까지 나는 한 발자국도 움직이지 않을 거야.
→ I won't move a step _____ he comes back.
① as   ② while   ✔③ until
until은 '~할 때까지'라는 뜻으로 시간의 부사절을 이끈다.

01 다음 두 문장이 같은 뜻이 되도록 할 때 빈칸에 가장 알맞은 말은?

> I'm sure that Terry lost a lot of weight lately.
> → Terry _____ have lost a lot of weight lately.

✔① must　② should　③ need

④ cannot　⑤ ought to

I'm sure로 보아 과거의 확실한 추측을 나타내므로, 강한 긍정의 추측을 나타내는 must have p.p.로 바꿔 써야 같은 의미가 된다.
• lose weight 살을 빼다 • lately 최근에

02 다음 중 어법상 <u>어색한</u> 문장은?

① I would rather die than live with him.

② You ought to keep the public rules.

③ He insisted that he do it himself.

✔④ We are used to live for ourselves.

⑤ My parents might be very disappointed.

④ 「be used to+-ing」는 '~에 익숙하다' 라는 의미이며, 여기에 쓰인 to는 전치사이므로, 뒤에 동명사나 명사만이 올 수 있다. ③ insist가 이끄는 절에는 should가 오며, 종종 생략되고 동사원형만 쓰이기도 한다. / • disappointed 실망한

03 다음 두 문장의 뜻이 같도록 빈칸에 알맞은 말을 쓰시오.

> Once I was fond of taking pictures, but now I am not.

→ I ___used___ ___to___ ___be___ fond of taking pictures.

예전에는 그랬지만, 더 이상 같은 상태가 지속되지 않을 때, 「used to+동사원형」의 형태를 사용하며 '한때 ~였었다' 라고 해석된다.

04 다음 대화의 빈칸에 가장 알맞은 말은?

> A Sam, are you all right now?
> B I think so. I wish I had gone to the show with you. How was the concert?
> A Fantastic! You _____ have seen it.

① must　② cannot　③ may

✔④ should　⑤ couldn't

콘서트가 너무 환상적이어서 '네가 봤어야 했는데, 못 봐서 유감이다.' 라는 의미가 되어야 하므로, 과거에 이루지 못한 일에 대한 후회나 유감을 나타내는 should have p.p가 되어야 한다.

05 다음 우리말을 영어로 옮길 때 빈칸에 알맞은 말은?

> 너는 너의 능력을 자랑하지 않는 것이 좋겠어.
> → You _____ show off your ability.

① would rather　② must not

✔③ had better not　④ had not better

⑤ ought to not

상대방에게 '~하지 않는 것이 좋겠다' 라는 의미로 충고를 할 때에는 had better의 부정형인 「had better not+동사원형」의 형태로 쓴다.
• show off 자랑하다 • ability 능력

06 다음 문장의 빈칸에 공통으로 알맞은 말은?

> • You are the only person _____ I truly admire.
> • This is the same cell phone _____ Dad bought for me.

① who　② which　✔③ that

④ what　⑤ whose

선행사에 the only, the very, the same 등이 포함된 문장에서는 선행사의 종류(사람, 사물)에 관계없이 관계대명사로 that만을 쓸 수 있다.

07 다음 중 어법상 <u>어색한</u> 문장은?

① Spring is the season when school begins.

✔② This is the way how he persuades others.

③ That is the bridge where many accidents happen.

④ Tell me the reason why they had a big fight.

⑤ It is the house in which Shakespeare was born.

다른 관계부사와는 달리 방법의 관계부사인 how는 선행사인 the way와 나란히 쓰지 않고, 둘 중 하나만 써야 한다.
• persuade 설득하다 • accident 사고 • fight 싸움

08 다음 우리말과 같은 뜻이 되도록 빈칸에 알맞은 말을 쓰시오.

> 저기가 내가 항상 신발을 구입하는 상점이다.

→ That is the store ___where___ I always buy my shoes.

→ That is the store ___at___ ___which___ I always buy my shoes.

그 상점은 내가 신발을 구입하는 장소이므로, 첫 번째 빈칸에는 장소를 나타내는 관계부사인 where가 온다. 또한, 관계부사는 「전치사+관계대명사」로 바꿔 쓸 수 있으므로, store 앞에 쓰는 전치사 at을 which 앞에 써서 at which로 바꿔 쓸 수 있다.

09 다음 중 빈칸에 where가 들어갈 수 없는 것은?

① That is the factory _____ computers are produced.

② I don't remember the place _____ I put my keys.

③ I went downtown, _____ I lost my pocket money.

④ We want to live in a country _____ it snows a lot.

✔⑤ This is the building _____ is the oldest in the town.

관계부사는 격이 없으므로, 다음에 이어지는 절은 「주어+동사」의 완벽한 절이 되어야 하는데, ⑤는 동사가 이어 나왔으므로, 선행사가 the building인 주격 관계대명사 which나 that이 와야 한다.
• pocket money 용돈

10 다음 중 밑줄 친 부분을 잘못 풀어 쓴 것은?

① Whichever you may choose, you'll be pleased. (No matter which)

② I can meet you whenever you like. (at anytime when)

③ However skillful he is, he must pass a test. (No matter how)

✔④ Whoever says such a thing must be a liar. (No matter who)

⑤ I will do whatever you tell me to do. (anything that)

④ Whoever가 주어절을 이끌고 있으므로, 부사절이 아닌 명사절이다. 부사절을 이끌 때에만 '누가 ~하든지'의 뜻으로 No matter who로 바꿔 쓸 수 있으며, 명사절을 이끌 때에는 Anyone who로 바꿔 쓰며 '~하는 사람은 누구나'의 뜻이 된다.

11 다음 중 나머지 네 문장과 의미가 다른 하나는?

① He is young, but he is good at calculating.

② Though he is young, he is good at calculating.

③ Young as he is, he is good at calculating.

✔④ Now that he is young, he is good at calculating.

⑤ Even though he is young, he is good at calculating.

나머지 문장들은 모두 양보의 부사절을 이끌어, '비록 그는 어리지만, 계산에 능하다.'라는 의미이지만, ④의 now that은 since와 같은 의미로, 이유의 부사절을 이끈다. / • be good at ~을 잘하다 • calculate 계산하다

12 다음 밑줄 친 부분 중 어법상 어색한 것은?

① Each student has his or her own locker.

② Neither you nor she is responsible.

✔③ He as well as I am so satisfied.

④ Both Tom and Mary agree with me.

⑤ Not only you but also Susan knows it.

③ B as well as A는 not only A but also B와 같은 의미로 'A뿐 아니라 B도'의 뜻이며, 주어로 쓰일 때 동사는 B에 일치시켜야 한다. (am → is)
• locker 사물함 • responsible 책임 있는 • agree with ~와 의견이 같다

13 다음 세 문장이 같은 뜻이 되도록 빈칸에 알맞은 말을 쓰시오.

Nicole is a very wise girl, so everybody loves her.

→ Nicole is so _wise that everybody loves her_.

→ Nicole is such _a wise girl that everybody loves her_.

'너무 ~해서 …하다'라는 뜻의 결과의 부사절「so+형용사+that ~」이나「such a+형용사+명사+that ~」로 나타낸다.

14 다음 중 밑줄 친 부분의 쓰임이 다른 하나는?

① I'm sure that he will achieve his goal.

② Did you hear that Matt proposed to Beth?

✔③ You are the girl that I really love.

④ We know that they are getting married.

⑤ Jessy said that he applied for the job.

접속사 that은 명사절을 이끌며, 두 개의 절을 연결하는 역할을 한다. 이에 반해 ③번 문장에서와 같이 관계대명사 that은 앞에 선행사가 있으며, 이 선행사를 수식하는 형용사절을 이끈다.
• achieve 성취하다 • propose 청혼하다 • apply for ~에 지원하다

15 다음 두 문장이 같은 뜻이 되도록 할 때 빈칸에 알맞은 말은?

Sarah practiced hard in order to win the prize in the piano contest.
→ Sarah practiced hard _____ she could win the prize in the piano contest.

① now that   ✔② so that
③ as far as   ④ such that
⑤ as soon as

in order to는 '~하기 위해서'라는 뜻이므로, 목적을 나타내는 부사절을 이끄는 so that이 알맞다.

16 다음 (A)와 (B)에 들어갈 말이 바르게 짝지어진 것은?

> One of the special days is Halloween. It falls on October 31 every year. ___(A)___ they doubt it or not, it is a day of fun for kids. Some children dress up in costumes of witches and put on masks. Children go door to door. At each door they shout "Trick or treat!" The people ___(B)___ live there give them a treat, usually candy.

① If – who

✔② Whether – who

③ If – what

④ Whether – what

⑤ Whether – which

(A)에는 다음에 이어지는 or not으로 보아, '~하든 그렇지 않든'이라는 의미의 부사절을 이끄는 Whether가 어울리며, (B)에는 사람인 people을 선행사로 하는 주격 관계대명사가 와야 하므로, who가 알맞다. if절에는 or not이 올 수 없다.
• costume 의상 • treat 대접하다

해석 특별한 날 중 하나는 핼러윈이다. 그날은 매년 10월 31일이다. 그들이 의심하든 아니든, 그날은 아이들에게 즐거운 날이다. 어떤 아이들은 마녀 의상을 입고 가면을 쓴다. 아이들은 가가호호 다닌다. 각 집마다 그들은 "먹을 것을 주지 않으면 장난 칠 거예요!"라고 외친다. 그곳에 사는 사람들은 그들에게 먹을 것을 주는데, 보통 사탕이다.

해석 갈릴레오는 어떻게 물체가 낙하하는가를 연구했다. 그는 낙하에 대해 실험을 한 최초의 인물이었다. 사람들은 무거운 물체가 가벼운 것보다 더 빨리 떨어진다고 생각했다. 그는 이것이 사실이 아니라는 것을 발견해 냈다. 그는 무거운 공과 가벼운 공을 모두 가지고 똑같이 높은 곳에서 떨어뜨렸다. 두 공은 같은 속도로 떨어졌다. 이것이 무게는 중요하지 않다는 것을 의미했다. 이것은 낙하의 법칙이다.

[17~18] 다음 글을 읽고 물음에 답하시오.

> Galileo studied how things fall. He was the first person _____ did experiments about the fall. People thought heavy things always fell faster than light things. He found out _____ this was not true. He took a heavy ball and a light ball and dropped them both from a high place. They fell at the same speed. This meant _____ weight is not important. This is the law of falling bodies.

17 위 글의 빈칸에 공통으로 가장 알맞은 말은?

✔① that ② what ③ which

④ when ⑤ though

관계대명사와 명사절을 이끄는 접속사로 모두 쓰일 수 있는 것은 that이다.

18 위 글의 제목으로 가장 알맞은 것은?

① Galileo's Life and Work

② Galileo's Love

③ Galileo's Problems with People

✔④ Galileo's Study of How Things Fall

⑤ Why People Loved Galileo's Idea

이 글은 갈릴레오가 낙하 실험을 통해 새로운 법칙을 발견해 내는 과정을 설명하고 있으므로, 제목으로 ④ '물체 낙하에 관한 갈릴레오의 연구'가 알맞다.

[19~20] 다음 글을 읽고 물음에 답하시오.

> One day a stranger came by and said, "Travel on foot from sunrise to sunset and mark the land ① as you go. I can give you all of it for only 300 roubles. But you'll lose both the land ② or the money unless you come back before sunset."
>
> A farmer agreed. He walked and ran all morning ③ so that he might get as much land as possible. On the return trip, he was very tired, but couldn't rest. He had to run ④ in order to get back before sunset. He ⑤ could arrive in time. But he was out of breath and fell down and died.

19 위 글의 밑줄 친 부분 중 어법상 어색한 것은?

① ✔② ③ ④ ⑤

'A와 B 둘 다'를 의미할 때에는 both A and B로 표현하고 항상 복수로 취급하므로, ②의 or는 and가 되어야 한다.
• sunrise 일출 • sunset 일몰 • rouble 루블(구 소련의 화폐)

해석 어느 날 한 낯선 사람이 와서 말했다. "해가 뜰 때부터 질 때까지 걸어서 여행하고, 간 만큼의 땅을 표시하시오. 단 300루블만을 받고 당신에게 모든 것을 주겠소. 하지만 해가 지기 전에 돌아오지 않는다면, 당신은 그 땅과 돈을 전부 잃게 될 것이오." 한 농부가 동의했다. 그는 가능한 한 많은 땅을 얻으려고 아침 내내 걸었다. 돌아오는 길에 무척 피곤했지만 쉴 수 없었다. 그는 해가 지기 전까지 돌아오기 위해서 달려야 했다. 그는 제시간에 돌아올 수 있었다. 하지만 그는 숨을 헐떡이다가 쓰러져 죽었다.

20 위 글이 주는 교훈으로 가장 알맞은 것은?

① 항상 최선을 다하자.

② 약속을 어기지 마라.

③ 서두르면 일을 그르친다.

✔④ 지나친 욕심은 화를 부른다.

⑤ 오늘 할 일을 내일로 미루지 마라.

이 글은 땅을 주겠다는 제안에 무리하게 욕심을 부려 달렸다가 사망한 한 농부에 관한 일화로, 지나치게 과도한 욕심은 화를 초래할 수도 있다는 교훈을 준다.

WRITING  TIME

A Rewrite the two sentences into one using suitable conjunctions.

1 Some people wanted a new boss. I know it.

➡ I know _____ that some people wanted a new boss _____.

뒷 문장의 it은 앞 문장 전체를 나타내므로, 접속사 that을 이용하여 한 문장으로 연결할 수 있다.

2 Betty couldn't come to school. She was ill in bed with the flu.

➡ Betty couldn't come to school _____ because[since/as] she was ill in bed with the flu.

Betty가 독감으로 앓아누운 것이 결석한 이유이므로, 이유의 접속사인 because[since/as]를 이용하여 한 문장으로 연결한다. / •flu 독감

3 The trousers didn't fit me. I had lost a lot of weight.

➡ _____ Though[Although] I had lost a lot of weight _____, the trousers didn't fit me.

'체중 감량을 많이 했음에도 불구하고, 바지가 맞지 않았다' 라는 의미가 되어야 하므로, 양보의 접속사인 though[although]를 이용하여 한 문장으로 나타낸다. / •fit 맞다

B Rewrite the two sentences into one using suitable relatives.

1 This is the university. I majored in English in the university.

➡ _____ This is the university where[in which] I majored in English. _____

in the university를 in which로 바꾸어 쓰거나, 「전치사＋관계대명사」이므로 관계부사인 where로 바꾸어서 한 문장으로 연결할 수 있다.
•university 대학 •major in ~을 전공하다

2 That is not the reason. I couldn't attend for the reason.

➡ _____ That is not the reason why[for which] I couldn't attend. _____

for the reason을 for which로 바꾸어 쓰거나 「전치사＋관계대명사」를 관계부사인 why로 바꿔 쓸 수 있다.

3 Please tell me the way. You memorize English words in the way.

➡ _____ Please tell me the way you memorize English words. / Please tell me how you memorize English words. _____

방법을 나타내는 관계부사 how는 선행사인 the way와 함께 나란히 쓰지 못하고, 둘 중 하나만 쓴다.

C 다음 빈칸에 들어갈 표현을 〈보기〉에서 골라 쓰시오 (단, 팔호 안에 알맞은 접속사를 쓸 것)

> 보기
> •(if) I want to keep in shape
> •(because[since/as]) she has changed a lot
> •(while[when]) I was walking down the street
> •(if[whether]) she had exercised regularly

I heard someone call my name _____ while[when] I was walking down the street _____. That was one of my old friends from school, Kathy. I didn't recognize her at first _____ because she has changed a lot _____. She was a little fat back then, but she's a very attractive woman now. I asked her _____ if[whether] she had exercised regularly _____. She advised me to jog for thirty minutes every morning _____ if I want to keep in shape _____.

'거리를 걷고 있는 동안[있을 때]이라는 의미의 시간 부사절이 알맞다. / 내가 그녀를 알아보지 못했으므로 이유를 나타내는 절(많이 변해 있었기 때문에)이 알맞다. / 매력적으로 변한 친구를 보며 '운동을 했는지' 묻고 있으므로 '~인지 아닌지' 의 뜻인 if[whether]가 이끄는 절이 알맞다. / '몸매를 유지하고 싶다면' 이라는 조건절이 필요하므로 if가 알맞다.